Nick Fel

Soziale Vergleiche auf Instagram und das Selbstwertgefühl der Nutzer

Wie die sozialen Medien unsere Selbstwahrnehmung beeinflussen

Bibliografische Information der Deutschen Nationalbibliothek:

Die Deutsche Nationalbibliothek verzeichnet diese Publikation in der Deutschen Nationalbibliografie; detaillierte bibliografische Daten sind im Internet über http://dnb.d-nb.de abrufbar.

Impressum:

Copyright © Studylab 2019

Ein Imprint der Open Publishing GmbH, München

Druck und Bindung: Books on Demand GmbH, Norderstedt, Germany

Coverbild: Open Publishing GmbH | Freepik.com | Flaticon.com | ei8htz

Inhaltsverzeichnis

Abbildungsverzeichnis

Zusammenfassung

Jüngste Forschungsergebnisse zeigen auf, dass sich die Nutzung sozialer Netzwerke negativ auf das Wohlempfinden auswirken und zunehmende Verunsicherung über die eigene Person auslösen kann. Davon ausgehend wurde in dieser Studie der Zusammenhang zwischen sozialen Vergleichsprozessen innerhalb von Instagram und dem Selbstwert des Nutzers untersucht. Dazu wurde ein quantitativer Fragebogen entwickelt, an dem insgesamt 134 Probanden im Alter zwischen 16 und 64 Jahren teilgenommen haben. Der Datenanalyse nachfolgend, konnte ein signifikant negativer Zusammenhang zwischen der Tendenz zu sozialen Vergleichen auf Instagram und dem expliziten Selbstwert des Nutzers nachgewiesen werden. Geschlechtsspezifische Unterschiede konnten hierbei als nicht signifikant eingestuft werden. Während Teile der Ergebnisse den bestehenden Forschungsstand festigen, trafen andere unerwartet ein und werfen somit weitere Fragen auf. Somit stellt diese Studie eine Grundlage dar, von der ausgehend Anregungen für neue Forschungen gewonnen werden können. Anhand der Betrachtung der hohen Nutzerzahlen sozialer Netzwerke, wird deutlich, welch hohen Stellenwert es hat, weitere Untersuchungen durchzuführen. Da der Selbstwert einen entscheidenden Faktor für den Erfolg in unterschiedlichsten Lebensbereichen darstellt, ist es höchst bedeutsam zu prüfen, inwiefern dieser durch bewusstes und unbewusstes Vergleichen mit anderen Menschen in sozialen Netzwerken beeinflusst wird.

Abstract

Recent research findings show that usage of social networks can negatively affect wellbeing and trigger insecurity. Based on that assumption, in this study the relationship between social comparison processes while using Instagram and users' self-esteem was investigated. For that purpose, a quantitative questionnaire was developed and 134 participants between the age of 16 and 64 were assessed. Subsequent data analysis provided evidence for a significant negative relationship between users' tendency to self-compare via Instagram and measures of users' state self-esteem. There were no relevant gender effects found. The results partly consolidate the current state of research, while also delivering unexpected outcomes that in turn raise new questions. This study therefore presents a basis that can incite future research. Considering the growing number of social network users, the importance of continued research becomes apparent. As self-esteem is a decisive factor for success in various life domains, it is critical to determine how it is affected by conscious and unconscious social comparisons via social networks.

1 Einleitung

Menschen sind von Natur aus keine Einzelgänger. Die alleinige Tatsache, dass ein Neugeborenes über Jahre hinweg auf externe Hilfe angewiesen ist, unterstreicht diese Aussage. Wie Vester (2009) festhält, ist der Mensch ein durchweg soziales Wesen, das nach der Erfüllung seines grundpsychologischen Bedürfnisses der Zugehörigkeit strebt. Mit dem Ziel diesem Wunsch nachzugehen, unterhalten Individuen unzählige und unterschiedliche Beziehungen zu ihren Mitmenschen. Die aktive Auseinandersetzung mit der Umwelt trägt das Gefühl mit sich, das eigene Wesen innerhalb der Gesellschaft einordnen zu können. Als maßgebliche Orientierungspunkte, auf die sich Menschen in diesem Prozess des Austausches stützen, sind Verhaltensweisen, Einstellungen und Werte zu nennen (Zimbardo & Gerrig, 2004). Die gesellschaftliche Eingliederung bedarf eines Erwerbs von relevantem Selbstwissen. Diesbezüglich finden sowohl bewusst als auch unbewusst soziale Vergleichsprozesse statt (Festinger, 1954). Besonders im Zuge der Digitalisierung haben sich die Möglichkeiten zum sozialen Vergleich stark vervielfältigt. Soziale Netzwerke wie etwa Facebook oder Instagram bieten eine Plattform zur digitalen Präsentation des Selbst (Vogel, Rose, Roberts und Eckles, 2014). Dass hiervon tatsächlich Gebrauch gemacht wird, spiegelt sich in den zunehmenden Nutzerzahlen wieder. 2017 haben alleine in Deutschland bereits 45 Millionen Menschen eines der beiden Netzwerke (oder beide) genutzt (Horizont, 2018). Nicht nur hat sich der für den Vergleich benötigte eigene Input in digitale Welten verlagert, auch die Menge und Vielfalt an aufzunehmenden Informationen hat sich vergrößert.

Gorden Allport (1954), der als Mitbegründer der humanistischen Psychologie gilt, postuliert mittels seiner Studien, dass u.a. menschliches Denken, Verhalten und Emotionen sowohl Mitmenschen betreffen als auch deren Einfluss unterliegen. Davon ausgehend stellt sich die Frage, welche Auswirkungen soziale Vergleichsprozesse innerhalb sozialer Netzwerke auf den Nutzer haben können.

Die Relevanz dieser Untersuchung begründet sich durch die thematische Aktualität sowie die enorme Reichweite digitaler Plattformen und somit der hohen Zahl an Betroffenen dieser möglichen Auswirkungen.

Diese Forschungsarbeit verfolgt das Ziel zu untersuchen, inwiefern die hier dargelegte Thematik mit dem Selbstwert des Menschen zusammenhängt. Da insbesondere Instagram innerhalb der letzten Jahre einen enormen Zuwachs an Nutzern verzeichnet (Horizont, 2018), richtet sich der Fokus der Arbeit auf diese Plattform.

Es wurde folgende Fragestellung entwickelt:

> Besteht ein Zusammenhang zwischen sozialen Vergleichsprozessen auf Instagram und dem Selbstwert des Nutzers?

Die nachfolgenden Kapitel bilden zunächst eine theoretische Verständnisgrundlage und erfüllen somit den Zweck, die im methodischen Teil vorgestellten Forschungsergebnisse in einen größeren Kontext einbinden zu können.

In *Kapitel 2.1* wird das behandelte Thema zunächst dem zugehörigen Forschungsfeld zugeordnet. Die untergeordneten Kapitel beschreiben das menschliche Wesen und zeigen in diesem Zusammenhang auf, inwiefern das digitale Zeitalter soziale Veränderungen mit sich bringt. Die Funktionsweise des Selbst eines Menschen wird anhand *Kapitel 2.2* und dessen Unterkapitel erläutert. Dabei wird deutlich, wie sich das Bild und infolgedessen die Bewertung zur eigenen Person zusammensetzt. Bevor in *Kapitel 2.4* die Herleitung der Forschungsfrage sowie aufgestellte Hypothesen präsentiert werden, erfolgt in *Kapitel 2.3* die Vorstellung des sozialen Netzwerkes Instagram. Gleichzeitig soll verdeutlicht werden, inwiefern diese Plattform das Auftreten von sozialen Vergleichsprozessen begünstigt. Dem theoretischen Teil dieser Forschungsarbeit nachfolgend wird im *dritten Kapitel* die Methodik der durchgeführten empirischen Untersuchung beschrieben. Die im *vierten Kapitel* dargestellten erhobenen Daten werden in *Kapitel fünf* ausführlich diskutiert. Abschließend eröffnet das *sechste Kapitel* einen Ausblick, der zur weiteren Untersuchung des Themas anregen soll. Der in dieser Studie angewandte Fragebogen kann dem Anhang entnommen werden.

2 Theoretischer Teil: Hintergrund und Forschungsstand

2.1 Forschungsfeld Sozialpsychologie

Zur Erforschung sowie Erklärung des menschlichen Verhaltens und Erlebens bestehen in der Psychologie unterschiedliche Ansätze. Neben der Fokussierung auf genetische oder biochemische Faktoren oder auf ablaufende Gehirnprozesse, setzen Sozialpsychologen den Schwerpunkt ihrer Untersuchungen auf das soziale Umfeld des Menschen. Wie aus sozialpsychologischen Forschungsergebnissen hervorgeht, kann die Beschaffenheit der sozialen Situation einer Person, über ihr Verhalten hinaus, auch Emotionen und etablierte Persönlichkeitszüge, Werte oder Ansichten steuern. Dementsprechend wird angenommen, dass der Einfluss anderer Menschen die Hauptdeterminante für das eigene Verhalten und Erleben ist (Zimbardo & Gerrig, 2004).

Die wohl bekannteste und am häufigsten verwendete Definition der Sozialpsychologie formulierte Gordon Allport (1954): „Social psychology is the scientific attempt to understand and explain how the thoughts, feelings, and behavior of individuals are influenced by the actual, imagined, and implied presence of others" (P.5).

Den Einfluss der „imaginären Anwesenheit" anderer, beschreibt Allport als eine verhaltensbezogene Einwirkung durch nahestehende Bezugspersonen wie z.b. der Eltern oder dem Lebenspartner, ohne das diese tatsächlich anwesend sind. Den Umstand, dass das Verhalten zu großen Teilen durch soziale Rollen, die der Mensch situationsabhängig einnimmt, sowie durch kulturbedingte Normen beeinflusst wird, bezeichnet er dagegen als „implizite Anwesenheit" (Jonas, 2014).

Es ist festzuhalten, dass sich die Sozialpsychologie, als Teilbereich der Psychologie, mit der Wechselwirkung zwischen Individuum und sozialer Umwelt befasst. Ihr Ziel ist es, ein differenziertes sowie fundiertes Verständnis vom Erleben und Verhalten des Menschen zu schaffen (Lück, 2016).

2.1.1 Das menschliche Wesen

Jeder Mensch ist einzigartig. Die evolutive Weitergabe des menschlichen Erbguts, geht mit einer großen Vielfalt verschiedener Individualitäten einher. Als Einzelwesen zeichnen sich Menschen durch ihre persönlichen Eigenschaften sowie einmaligen Charakterzügen aus. Während sich eine Person bspw. durch sportliches Talent und hohes Selbstbewusstsein auszeichnet, kann eine andere durch außerordentliche Hilfsbereitschaft und großes Verantwortungsbewusstsein hervorstechen.

Eines jedoch haben alle Menschen gemeinsam, das grundpsychologische Bedürfnis nach Zugehörigkeit (Vester, 2009). Das hängt damit zusammen, dass sich zwischen Mutter und Kind bereits eine kognitiv-emotionale Beziehung entwickelt, während sich dieses noch im Mutterleib befindet (Strauß & Bade, 2002). Sobald das Neugeborene die Welt erblickt, ist es bereits vollständig in ein bestehendes soziales System eingegliedert, nämlich seine Familie. Dass der Mensch ein soziales Wesen ist, ist demnach eine natürliche Gegebenheit (Vester, 2009). Fortan wird die Umwelt durch andere Menschen gestaltet, zu denen unterschiedliche Beziehungen unterhalten werden.

Wie Gordon Allport (1954) feststellt, beziehen sich Denken und Verhalten sowie Motivationen und Emotionen auf Menschen im eigenen Umfeld und werden durch diese beeinflusst. Die Menge der Bereiche, die diesem Einfluss unterliegen verdeutlicht, dass u.a. das Wohlempfinden eines Individuums signifikant von äußeren Faktoren abhängig ist (Schoenaker, 2006). Die Tatsache, dass man sich diesen Einflüssen kaum entziehen kann, also die (imaginäre) Anwesenheit und somit Einwirkung anderer Menschen auf einen selbst unvermeidbar ist, mag beängstigend wirken. Gleichzeitig ist sie aber verantwortlich dafür, wie weitreichend sich die menschliche Spezies weiterentwickelt hat (Kessler & Fritsche, 2018).

Kessler und Fritsche (2018) zufolge waren „nicht nur herausragende Leistungen wie der Mondflug (...) das Produkt vielschichtiger Arbeitsteilung und fußten auf dem Wissen unübersehbarer Generationen, auch unsere alltägliche Versorgung mit Lebensmitteln, Bildung oder Unterhaltung - aber auch soziale Ausgrenzung, Unterdrückung und Krieg - wären ohne komplexe soziale Kooperation kaum möglich" (S.2).

Weil die menschliche Spezies so komplex ist, erfordert die gesellschaftliche Orientierung und Eingliederung von Individuen vielfältige Denkprozesse. Zwischenmenschliche Interaktionen bergen sowohl die Einschätzung zur eigenen Person als auch zur Reaktion, die aus dem ausgeübten Verhalten resultiert (Traut-Mattausch, Petersen, Wesche, & Frey, 2011). Den Stellenwert einer Beziehung, macht der Mensch von seinem Interaktionspartner abhängig. Dabei kann in enge und vergleichsweise unverbindliche, bzw. vorübergehende Beziehungen unterschieden werden (Kessler & Fritsche, 2018). Für den Menschen ist es bspw. von höherer Relevanz, wie die Eltern, Freunde oder der Lebenspartner auf das eigene Verhalten reagieren, als die Reaktion eines Arbeitskollegen oder Kassierers im Supermarkt. Die Grundlage zu einer tiefen Verbindung beschränkt sich allerdings nicht nur auf die Genetik oder die Zuneigung zu einer Person. Gleichermaßen kann z.b. das kollektive Nachgehen bestimmter Vorstellungen oder Ideologien ein starkes Gefühl der Zugehörigkeit auslösen (Kessler & Fritsche, 2018). Diesbezüglich stellen Jugendliche, die sich Sekten oder gar terroristischen Organisationen anschließen, ein Beispiel dar. Oftmals sind solche Entscheidungen davon geprägt, dass die Betroffenen sich von nahestehenden Personen nicht akzeptiert und im Umkehrschluss nicht zu ihnen verbunden fühlen. Ist der Mensch in eine Gruppe eingegliedert, in der er Akzeptanz erfährt, wirkt sich dies positiv auf das Selbstwertgefühl aus. Die Kohäsion bestärkt den Glauben an die eigenen Fähigkeiten und den Willen diese zum Wohle der Gemeinschaft einzusetzen (Traut-Mattausch et al., 2011).

Es ist somit klar zu erkennen, dass das menschliche Wohlempfinden und der Wert, den sich Personen selbst zuschreiben, dem Einfluss äußerer Faktoren unterliegen (Schoenaker, 2006).

2.1.2 Digitale Sozialität

Als Nachfolger der Telegrafie, Telefonie, dem Radio und der Television, stellt das Internet revolutionärste technische Entwicklung hinsichtlich zwischenmenschlicher Kommunikation dar. Unabhängig von Raum und Zeit ermöglicht es die unmittelbare Interaktion mit anderen Menschen (Bargh & McKenna, 2004). Wie Krotz, Despotović und Kruse (2014) erläutern, bieten „mediatisierte Welten (...) ihren Bewohnern und Bewohnerinnen eine Reihe von Interaktionsmöglichkeiten, deren besondere technische Gegebenheiten soziale Situationen und soziale Beziehungen entscheidend prägen" (S.53). Es ist nicht zu bestreiten, dass die Benutzung des Internets eine zunehmende Relevanz im Alltag von Kindern, Jugendlichen und Erwachsenen erfährt. Weil der Mensch von Natur aus nach Zugehörigkeit und sozialem Austausch strebt (s. Kapitel 2.1.1), überrascht es nicht, dass er sich den Möglichkeiten des digitalen Fortschrittes bedient. Sozialität meint jene grundpsychologischen Bedürfnisse. Die digitale Sozialität umfasst demnach den Umfang der Möglichkeiten zur Bedürfnisbefriedigung in digitalen Welten.

Der sog. „Uses-and-Gratifications-Ansatz" beschäftigt sich im Kern mit der Frage, wie und warum Menschen, ausgehend von ihren Bedürfnissen, spezifische Medienangebote wahrnehmen. Die grundlegende Annahme, die diesem Ansatz unterliegt, ist, dass der Rezipient zum Zweck seines eigenen Nutzens handelt (Aelkar, 2016). Als potentiellen Mehrwert sind mit dem Informationsaustausch, dem

Pflegen von Beziehungen und der Selbstunterhaltung nur einige genannt (Ebersbach, Glaser & Heigl, 2016). Bereits 1971 beschreibt der kanadische Psychologe Berlyne grundlegende menschliche Reize, die bei Erregung einen hedonistischen Wert erlangen, d.h. ein Lustempfinden beim Rezipienten auslösen (Berlyne, 1971). Neben Elementarreizen (bspw. visuelle und auditive Aufbereitung) und Schlüsselreizen für Triebhandlungen, führt er sog. „kollative" Variablen auf. Es handelt sich hierbei um vergleichende Variablen, da empfangene Reize mit bestehenden Gedächtnisinhalten verglichen werden. Im Kern zählen dazu Neuartigkeit, Ungewissheit und Komplexität. Während Berlyne (1971) „Neuartigkeit" als Differenz zwischen Gedächtnisinhalten und erlebten Stimuli beschreibt, bezeichnet er die Wahrscheinlichkeit, mit der ein Ereignis erwartet wird, als Variable für die Ungewissheit. Die Komplexität von Medienangeboten hängt davon ab, inwieweit eigenständige Elemente in einen größeren Rahmen eingebunden sind. Berlyne (1971) zufolge erlangen Medien durch die Erregung dieser Reize, die gewünschte Aufmerksamkeit und Neugier des Rezipienten.

Die Annahme, dass grundlegende menschliche Bedürfnisse beständig sind, geht mit der Tatsache einher, dass die Medienbranche stetig versucht ihre Angebote an diese anzupassen. So konkurrieren unzählige Wettbewerber um das Interesse des Rezipienten. Allem voran sind soziale Netzwerke und Nachrichtendienste zu nennen. So benutzen im November 2018 bereits 2,6 Milliarden Menschen Instagram, Facebook, WhatsApp oder den Messenger. Zwei Milliarden dieser Menschen gebrauchen einen dieser Dienste täglich (Rising Media Ltd. A, 2018).

Mittels seiner Forschungen kam der Sozialpsychologe Leon Festinger (1954) zu der Erkenntnis, dass Menschen Vergleiche zu ähnlichen Menschen heranziehen, um Erkenntnisse über die eigene Person zu gewinnen. Es hilft ihnen, sich als Individuum in ein soziales System einzuordnen und befriedigt das grundlegende Bedürfnis nach Selbstwissen (Kessler & Fritsche, 2018). Gerade Jugendliche befinden sich im Prozess der Selbstfindung (Vivienne, 2016). Dies könnte ein Grund dafür sein, wieso sich eine deutlich zunehmende Aktivität junger Menschen in sozialen Netzwerken fortlaufend abzeichnet. Seit der Markteinführung im Jahr 2010, haben sich bis Januar 2018 weltweit ca. 61 Millionen Jungen und Mädchen im Alter zwischen 13 und 17 Jahren auf Instagram angemeldet (We Are Social, 2018). Zusätzlich zu den „realen" sozialen Situationen, die sich bspw. in der Schule abspielen, ermöglichen die digital aufbereiteten Identitäten eine nicht zu unterschätzende Chance, sich mit anderen zu vergleichen (Vivienne, 2016). Der Vergleich mit Mitmenschen kann sich sowohl positiv als auch negativ auf die eigene Person auswirken. Studien, welche die Folgen des sozialen Vergleichs in sozialen Netzwerken behandeln, weisen allerdings verstärkt negative Effekte auf. So geht bspw. aus Untersuchungen von Haferkamp und Krämer (2011) hervor, dass das Betrachten von subjektiv attraktiv empfundenen Profilfotos, zur erhöhten Unzufriedenheit mit der eigenen Erscheinung führt. Das bedeutet natürlich nicht, dass soziale Netzwerke den Ursprung menschlichen Vergleichens darstellen. Leon Festinger stellt seine Theorie des sozialen Vergleichs bereits 1954 vor, fast 40 Jahre bevor das Internet mit der Entstehung des World Wide Web die Welt revolutionierte. Menschen sind von Natur aus darauf ausgerichtet, sich durch den Vergleich mit anderen zu differenzieren und so Erkenntnisse über ihr Selbst zu erlangen (Festinger, 1954). Die digitalen Spielwiesen erweitern die Möglichkeiten dies zu tun allerdings enorm.

2.2 Das Selbst

Zur Erklärung des Selbstkonzeptes, auch Selbstschema genannt, ist es notwendig zunächst die Bedeutung des „Selbst" zu erläutern. Was ist also das Selbst eines Menschen?

In der Psychologie wird die Bezeichnung „das Selbst" häufig verwendet. Der Begriff beschreibt die Idee, dass sich Menschen als individuelle und selbstbestimmt handelnde Wesen wahrnehmen und schließt damit ein, zu untersuchen auf welche Art und Weise sie das tun (Staemmler, 2015). „Obgleich das Selbst mit seinen Wahrnehmungen, Gedanken, Gefühlen und Motivationen den Alltag meist unmerklich als Subjekt („I") steuert, handelt es sich beim Selbst ebenfalls um ein Objekt unserer Wahrnehmung („me")" (Kessler & Fritsche, 2018, S.72). Die Unterteilung des Selbst in *Ich* und *Mich* wurde bereits 1890 von dem Philosophen und Psychologen William James (1890) vorgenommen. Während sich das *Ich* durch einen internen, wahrnehmenden und wissenden Beobachter der eigenen Person kennzeichnet, ist Williams zufolge das *Mich*, das wahrgenommene Ich und dementsprechend das Selbstbild, also das Selbstkonzept eines Menschen (Staemmler, 2015).

2.2.1 Selbstkonzept

Der Mensch verfährt in der Wahrnehmung seiner Selbst genauso wie in der Wahrnehmung seiner Mitmenschen. Er bildet ein Konzept seines Selbst. Die Quellen, aus denen ein Individuum seine Erkenntnisse zur eigenen Person erlangt, werden in einer weiteren Unterteilung James (1890) aufgezeigt. Zur Konzeption des Selbst dient demnach das *materielle Ich*, welches das körperliche (physische) Selbst umfasst. Des Weiteren das *soziale Ich*, welches das Bewusstsein darüber bildet, wie man von anderen wahrgenommen wird sowie das *spirituelle Ich*. Letzteres beschreibt das Selbst als Wächter der persönlichen Gefühle und Gedanken (Zimbardo & Gerrig, 2004). Die Gesamtheit aller drei *Ich's* sind demzufolge als Träger von Informationen zum Selbst zu verstehen. Sie stellen die Grundlage zum Selbstschema eines Menschen.

„Wer bin ich?", „Was kann ich?", „Was zeichnet mich aus?" - Mit diesen vermeintlich simplen und doch komplexen Fragen, beschäftigen sich Menschen von Zeit zu Zeit. Die Beantwortung dieser Fragen hilft Individuen ihr Selbstkonzept zu wahren. Dieses umfasst alle Merkmale, die sich Personen hinsichtlich ihrer Eigenschaften und Fähigkeiten zuschreiben. Im Zuge unterschiedlicher Lebenserfahrungen formt sich ihre Auffassung darüber, ob sie bspw. körperlich attraktiv, charismatisch, intelligent oder ehrgeizig sind. Die Gesamtheit dieser Wahrnehmungen, die sowohl beschreibender als auch bewertender Gestalt sind, kreieren dann das Selbstkonzept zur eigenen Person (Traut-Mattausch et al., 2011).

Wie Mummendey (1995) festhält, sind „Selbstkonzepte als Einstellungen aufzufassen, und zwar als Einstellungen mit der Besonderheit, dass das Einstellungsobjekt die eigene Person ist" (S. 55). Diese Auffassung des Selbstkonzeptes könnte die Annahme stützen, dass es sich hierbei um ein relativ stabiles und persistentes Konzept handelt. Dennoch betonen Sozialpsychologen, dass das Selbstkonzept eines Menschen je nach Situation unterschiedlich ausfallen kann (Kessler & Fritsche, 2018).

Norbert Schwarz (1987) gelang mittels eines einfachen Experiments zu gleicher Erkenntnis. Er teilte die Testpersonen in zwei Gruppen auf und bat sie jeweils zur Einschätzung der eigenen Durchsetzungsfähigkeit. Während jeder Proband aus Gruppe 1 sechs Beispiele nennen sollte, die eigene durchsetzungsstarke Verhaltensweisen aufzeigen, wurde jeder Teilnehmer aus Gruppe 2 nach zwölf Beispielen gefragt. Den Personen aus der ersten Gruppe fiel es relativ leicht sechs Beispiele ins Gedächtnis zu rufen. Dahingegen hatten die Probanden aus der zweiten Gruppe Schwierigkeiten, ausreichend Beispiele für die eigene Durchsetzungsfähigkeit zu nennen. Anschließend schätzten die Probanden aus Gruppe 2 ihre Durchsetzungsfähigkeit deutlich niedriger ein.

Das Experiment von Schwarz (1987) verdeutlicht, dass die Einschätzungen zu persönlichen Eigenschaften und Fähigkeiten, also das Selbstkonzept, in Abhängigkeit von situativen Faktoren variieren kann. Trotz dessen muss dies nicht ausschließen, dass das Selbstkonzept einigermaßen stabil und persistent ist. Denn der „Mensch stellt verschiedene soziale und situative Identitäten dar, und er ist doch stets mit sich selbst identisch. Er präsentiert verschiedene Arten des Selbst und verfügt zugleich über ein relativ stabiles Selbstkonzept" (Mummendey, 1995, S.57). Man stelle sich z.b. einen Graphen vor, der konstant in eine Richtung verläuft, gleichzeitig allerdings auch Ausschläge nach oben und unten aufweist. Im übertragenen Sinne verhält es sich auch so mit dem Selbstkonzept eines Menschen. Die Antworten, die sich Menschen auf die Fragen „Wer bin ich?", „Was kann ich?" und „Was zeichnet mich aus?" geben, zielen „relativ" in die gleiche Richtung. Das Selbstbild kann situationsbedingt trotzdem von der höchst individuellen Selbstwahrnehmung abweichen. Bspw. könnte sich ein Basketballspieler während seiner Jugend als außerordentlich sportlich talentiert wahrnehmen. Wenn er nun mit 25 Jahren erstmals in ein professionelles Team übernommen werden würde, dann bestände die Möglichkeit, dass er sich aufgrund seines neuen Umfelds, den vergleichsweise deutlich geübteren Mitspielern, selbst nicht mehr als außerordentlich sportlich talentiert wahrnähme.

Das Selbstkonzept „lässt sich daher allgemein als das Wissen einer Person über sich selbst definieren, das sowohl durch akkumulierte vergangene als auch aktuelle, situative Erfahrungen bestimmt wird" (Kessler & Fritsche, 2018, S. 73).

2.2.2 Selbstwert

Wie aus Kapitel 2.2.1 hervorgeht, ist das Selbstkonzept als Einstellung zu sich selbst zu verstehen. Genauso wie Einstellungen zu Sachverhalten von kognitiver und evaluativer Art sind, sind es auch diejenigen, die in das Selbstkonzept einfließen. Die Ausprägung des Selbstwertgefühls ist ausdrucksvoll, denn sie gibt Ausschluss darüber, wie die eigene Person wahrgenommen und infolgedessen bewertet wird (Zimbardo & Gerrig, 2004). Das Selbstwertgefühl kann nun als „eine generalisierte wertende Einstellung gegenüber dem Selbst, die sowohl Stimmung als auch Verhaltensweisen beeinflusst und starken Einfluss auf eine Reihe von persönlichen und sozialen Verhaltensweisen ausübt" (Zimbardo & Gerrig, 2004, S. 634) verstanden werden. Der Selbstwert (bzw. das Selbstwertgefühl) eines Menschen setzt sich somit aus den Bewertungen der selbsteingeschätzten Eigenschaften, Fähigkeiten und Ansichten zusammen. So resultiert bspw. aus der Einschätzung „Ich bin vertrauenswürdig" die Bewertung „Es ist gut, dass ich vertrauenswürdig bin". Dabei haben die Informationen, die diesbezüglich einfließen, einen individuell unterschiedlichen Stellenwert. So könnte sich eine Person etwa als mathematisch unbegabt wahrnehmen und gleichzeitig diesem Bereich eine geringe Relevanz hinsichtlich des Selbstwertes zuschreiben. In Abhängigkeit der subjektiven Priorisierung der Information, ergibt sich die Bedeutsamkeit für das Selbstwertgefühl (Mummendey, 1995). Hier wird, in Anbetracht der Tatsache, dass sich der Selbstwert aus der Bewertung der Informationen ergibt, die in das Selbstkonzept einfließen, der Zusammenhang deutlich. Der Selbstwert bildet sich in Abhängigkeit des Selbstkonzeptes.

Forschungsergebnisse zeigen, dass sich bei Menschen, die ein weniger stark ausgeprägtes Selbstkonzept haben, auch ein geringerer Selbstwert verzeichnen lässt (Kuonath, Frey & Schmidt-Huber, 2016). Auch Zimbardo und Gerrig (2004) halten fest: „Ein geringes Selbstwertgefühl zeichnet sich teilweise dadurch aus, dass weniger Sicherheit über das Selbst besteht" (S.634). Sowohl die Fülle als auch die Ausrichtungen der Wahrnehmungen zum Selbst, beeinflussen demnach die Beständigkeit und Ausprägung des Selbstwertgefühls einer Person.

2.2.2.1 Impliziter und expliziter Selbstwert

Es wird zwischen dem *impliziten* und *expliziten* Selbstwert (englisch: „Trait-" und „State self-esteem") unterschieden. Während das implizite Selbstwertgefühl mit steigender Lebenserfahrung zunehmend stabiler wird, variiert das explizite Selbstwertgefühl stets situationsabhängig (Rosenberg, Schooler, Schoenbach & Rosenberg, 1995). Der implizite Selbstwert versteht sich als Eigenbewertung, dessen Prozess sowohl automatisch als auch unbewusst verläuft. Aus ihm können hauptsächlich Schlüsse zu spontanem Verhalten gezogen werden. Dahingegen lässt sich kontrolliertes Verhalten mittels der Analyse des expliziten Selbstwertes deutlich besser deuten (Petersen, Stahlberg & Frey, 2006). Wie Petersen et al. (2006) ausführen sind „in diesem situativ variierenden Selbstwertgefühl (...) lediglich diejenigen subjektiven Bewertungen repräsentiert, die durch situative Umstände oder durch Motive aktiviert werden" (S.40).

Nimmt man z.B. einen Mitarbeiter, der von seinen beruflichen Fähigkeiten generell überzeugt ist, jedoch unmittelbar vor einem wichtigen Vortrag, eine negative Rückmeldung bezüglich seiner Leistung von seinem Vorgesetzten erhält. Als Folge dessen könnte der Mitarbeiter während seines Vortrags merklich verunsichert sein.

Um zu verstehen, inwiefern soziale Situationen auf das explizite Selbstwertgefühl wirken, bedarf es einer Erklärung, aus welchen unterschiedlichen Segmenten sich dieses zusammensetzt. Mit dem Ziel den situationsabhängigen Selbstwert zu erfassen, entwickelten Heatherton und Polivy (1991) drei Subdimensionen, aus denen sich der explizite Selbstwert zusammensetzt. Sie unterscheiden dabei zwischen dem leistungsbezogenen („Performance self-esteem"), dem das Aussehen, bzw. die äußere Erscheinung betreffenden („Appearance self-esteem") und dem sozialen („Social self-esteem") Selbstwert. Das obige Beispiel wäre demnach *Performance self-esteem* zuzuordnen. *Appearance self-esteem* umfasst die Zufriedenheit mit dem äußeren Erscheinungsbild. Dagegen kennzeichnet *Social self-esteem* das Ausmaß, in dem sich eine Person innerhalb sozialer Situationen bzw. Interaktionen seiner Selbst sicher fühlt (Heatherton & Polivy, 1991).

Hinsichtlich der Wechselwirkung zwischen dem impliziten und expliziten Selbstwert wird davon ausgegangen, dass Teilbereiche des expliziten Selbstwertes vor allem dann auf den impliziten wirken, wenn sie eine Subdimension betreffen, auf den sich der individuelle Selbstwert stützt. Das bedeutet, dass die Wirkung des expliziten auf den impliziten Selbstwert, dem Einfluss der subjektiv empfundenen *Relevanz* unterliegt. So ist manchen Menschen die Leistung wichtiger als das Aussehen oder andersrum. Auch die *Häufigkeit* sowie die Zuweisung eines *Stellenwertes* von auftretenden Situationen, die einen Teilbereich des expliziten Selbstwertes betreffen, spielen eine entscheidende Rolle (Schütz, 2003). Dies kann anhand eines weiteren Beispiels verdeutlicht werden:

Eine Schülerin ist insgesamt zufrieden mit ihrem Aussehen. Weil die meisten Leute aus ihrem sozialen Umfeld Instagram nutzen, beschließt sie sich ebenfalls anzumelden. Innerhalb von zwei Wochen postet das Mädchen drei Fotos, die ihre äußere Erscheinung zeigen. Sie stellt fest, dass sie im Vergleich zu anderen Personen deutlich weniger „Likes" erhält. Infolgedessen könnte sie anfangen darüber nachzudenken, ob sie weniger gut aussieht als die anderen. Würde die Schülerin es bei diesen drei Posts belassen, wäre es wahrscheinlich, dass sich ihre Erfahrung mit der Plattform, die in diesem Fall die Subdimension *Appearance self-esteem* betrifft, nicht ausschlaggebend auf den impliziten Selbstwert auswirkt. Bei gegenteiliger Reaktion, also dem gesteigerten Nutzerverhalten durch intensivere Selbstdarstellung, und gleichbleibender Resonanz, wäre die Wahrscheinlichkeit für eine Auswirkung größer (vgl. Aspekt der Häufigkeit). Angenommen die Resonanz zu ihrem Aussehen zeichne sich insbesondere in schriftlichen Kommentaren zu ihren Fotos ab und sie würde öffentlich als unattraktiv deklariert werden. Dann könnte sie der situativen Reaktion ihres sozialen Umfeldes einen höheren Stellenwert zuschreiben, wodurch ebenfalls wahrscheinlicher wäre, dass sich ihre Erfahrungen auf den impliziten Selbstwert auswirken (vgl. Aspekt des persönlichen Stellenwertes).

Der Selbstwert des Menschen stellt ein vielfältig erforschtes Konstrukt der Sozialpsychologie dar. Das hängt u.a. damit zusammen, dass das Konstrukt bereits 1990 als Prädiktor für akademische Leistungen aufgefasst wurde (Marsh, 1990). Baumeister, Campbell, Krueger und Vohs (2003) stellen in nachfolgenden Studien zusätzlich fest, dass ein langfristiger Zusammenhang zwischen dem Selbstwertgefühl und dem Wohlempfinden einer Person besteht. Auch ließ sich der Selbstwert als Faktor festlegen, der sowohl die Zufriedenheit in Liebesbeziehungen als auch die Tendenz kriminelle Handlungen auszuüben beeinflusst (Orth & Robbins, 2014).

Die nachfolgenden Kapitel dienen dem Zweck zu erklären, aus welchen Quellen Informationen zum Selbst gewonnen und infolgedessen Bewertungen zur eigenen Person abgeleitet werden.

2.2.3 Quellen des Selbstkonzeptes und des Selbstwertes

Wie bereits in Kapitel 2.2.1 *Selbstkonzept* beschrieben wurde, stellen das *materielle, soziale* und *spirituelle Ich*, die Träger selbstbezogener Informationen dar (Zimbardo & Gerrig, 2004). Die Quellen des Selbstwertgefühls lassen sich demzufolge den verschiedenen *Ich's* zuordnen.

Es ist hilfreich zunächst die von Duval und Wicklund (1972) entwickelte Theorie der Selbstaufmerksamkeit zu erläutern. Diese besagt, dass die Aufmerksamkeit eines Menschen generell eher nach innen oder nach außen gerichtet ist. Während also eine Person mit dem Ziel der Selbsterkenntnis, ihre Konzentration verstärkt auf das Selbst richten kann, kann eine andere Person dabei vorwiegend externe Quellen fokussieren, wie z.B. die Zustimmung anderer. Letzteres wird auch als „subjektive Selbstaufmerksamkeit" verstanden. Der Mensch gilt hierbei als Subjekt, dessen Selbstkonzept vorwiegend durch äußere Einflüsse geprägt ist. Dahingegen meint „objektive Selbstaufmerksamkeit", dass die Person sich selbst als Objekt in den Fokus rückt (Traut-Mattausch et al., 2011). Studien belegen außerdem den Zusammenhang zwischen einem hohen Selbstwertniveau und der intensiveren Orientierung an internen Quellen (Petersen et al., 2006). Die *Selbst-* und *Fremdwahrnehmung*, die *soziale Rückmeldung* sowie der *soziale Vergleich* werden mehrheitlich als grundlegende Quellen des Selbstkonzeptes und somit auch des Selbstwertes angesehen (Petersen et al., 2006).

Angesichts der Forschungsfrage dieser Arbeit, ist der Fokus der nachfolgenden Darstellungen insbesondere auf den *sozialen Vergleich,* als Quelle des Selbstkonzeptes und Selbstwertes gerichtet.

2.2.3.1 Selbstwahrnehmung

Beabsichtigt ein Individuum Eigenschaften und Fähigkeiten eines Mitmenschen einzuschätzen, verhilft die genaue Beobachtung dazu, relevante Schlussfolgerungen zu ziehen (Bem, 1972). Die Selbstwahrnehmungstheorie des Sozialpsychologen Daryl Bem (1972) sagt aus, dass diese Methode ebenso bei der eigenen Person wirksam ist. „Personen nehmen ihre eigenen Verhaltensweisen, Gefühle, Gedanken und körperlichen Zustände wahr und ziehen aus dieser Selbstbeobachtung Rückschlüsse auf eigene Fähigkeiten und Eigenschaften" (Traut-Mattausch et al., 2011, S. 21). Demnach agieren hierbei das *materielle Ich*, welches das physische Ich umfasst sowie das *spirituelle Ich*, das eigene Gefühlszustände und Gedanken überwacht.

Des Weiteren beschreibt die Selbstwahrnehmungstheorie, dass Menschen nicht in der Lage sind, alle internen Zustände zu deuten oder zu benennen. Das hängt damit zusammen, dass diese auch unbewusst auftreten. Bei einer erkenntnisreichen Selbstbeobachtung muss ein Individuum versuchen, sich selbst deshalb als Außenstehender zu betrachten. Hinsichtlich der Selbstwahrnehmung gilt es demnach, das eigene Verhalten zu analysieren und daraus interne Informationen abzuleiten. Der Prozess ist daher mit jenem zu vergleichen, der dazu dient, Einschätzungen zu anderen zu treffen (Bem, 1972). So kann bspw. aus der Beobachtung, dass man sich innerhalb einer neuen Gruppe sehr still verhält, der Rückschluss gezogen werden, eine schüchterne Person zu sein. Allerdings werden auch stets identifizierbare Umstände zur Schlussfolgerung mit in Betracht gezogen (Kessler & Fritsche, 2018). In diesem Sinne könnten situative Faktoren, z.B., dass die Mitglieder der Gruppe einem selbst sehr unähnlich schienen, das stille Auftreten der eigenen Person rechtfertigen.

Es darf nicht außer Acht gelassen werden, dass Informationen abhängig davon, wie sie sich auf den Selbstwert auswirken könnten, unterschiedlich verarbeitet werden (Traut-Mattausch et al., 2011). Diesbezüglich folgt in Kapitel 2.2.4 *Selbstwertdienliche Prozesse* eine detaillierte Erklärung.

Wie in Kapitel 2.1.1 *Das menschliche Wesen* festgehalten wurde, handelt es sich beim Menschen von Natur aus um ein soziales Wesen, welches stets nach dem grundpsychologischen Bedürfnis nach Zugehörigkeit strebt (Vester, 2009). Deshalb ist es für den Selbstwert auch relevant, inwieweit sich ein Mensch selbst als der Gesellschaft oder Gruppen zugehörig wahrnimmt. Denissen, Schmitt, Penke und Van Aken (2008) zufolge sinkt der wahrgenommene Selbstwert, wenn ein

Individuum sozialen Ausschluss erfährt. Dahingegen steigt er durch das Gefühl von Akzeptanz und Zugehörigkeit. Demzufolge ist der soziale Anschluss nicht als die Konsequenz, sondern als Grundlage eines positiv ausgeprägten Selbstwertes zu sehen.

2.2.3.2 Fremdwahrnehmung und Soziale Rückmeldung

Menschen nehmen auf ihre Eigenschaften und Fähigkeiten bezogene Wahrnehmungen, insbesondere vonseiten ihnen wichtiger Personen, mit in das Selbstkonzept auf. Zu dieser Annahme kamen Anhänger des symbolischen Interaktionismus bereits im frühen 20. Jahrhundert (Traut-Mattausch et al., 2011). Der Soziologe Charles Cooley (1902) manifestierte diese Aussage mittels seines entwickelten Bildes des „looking-glas self" (u.a. bekannt als „looking-glas effect"). Diese Bezeichnung wird im deutschsprachigen Raum häufig als „Spiegelbildeffekt" bezeichnet. Cooley (1902) zufolge ist das Selbstkonzept mit verschiedenen Spiegelbildern der eigenen Person zu vergleichen. Jedes dieser Spiegelbilder zeigt die Fremdwahrnehmung (die Wahrnehmung anderer zum Selbst) zur eigenen Person aus Sicht eines bedeutsamen Mitmenschen (Petersen et al., 2006). Man stelle sich vor, drei Spiegel repräsentieren die Wahrnehmung jeweils aus Sicht der Mutter, der Partnerin und der Ex-Freundin. Es wird schnell deutlich, wie unterschiedlich die Fremdwahrnehmung hierbei ausfallen kann. Weil Beziehungen zu nahestehenden Personen einen größeren Einfluss auf Emotionen und Gedanken haben und deswegen von höherem Stellenwert sind, fließen die Informationen, die sich aus der eingeschätzten Fremdwahrnehmung ergeben, mit in das Konzept des Selbst ein. Sie wirken somit auch auf den Selbstwert (Traut-Mattausch et al., 2011).

Menschen können zudem auf Grundlage sozialer Interaktionen an Informationen über das Selbst gelangen. Genauer gesagt sind es soziale Rückmeldungen, die zusätzlich das Selbstwertgefühl einer Person beeinflussen. Diese können in Form von verbal kommunizierten Informationen auftreten oder aber anhand der Interpretation des Verhaltens von Mitmenschen (Kessler & Fritsche, 2018).

Letzteres ließ sich auch wiederholte Male in Experimenten von Meyer und Plöger (1979) bestätigen. So wurde Schülern eine leichte Aufgabe vorgesetzt, für deren Lösung sie anschließend äußerst gelobt wurden. Die Schüler leiteten die Erkenntnis ab, dass sie im Voraus ein geringes Vertrauen in ihre Fähigkeiten erhalten hatten. Anderen Schülern wurde eine vergleichsweise schwere Aufgabe auferlegt, die sie nicht lösen konnten. Nachdem sie nachfolgend für ihre Leistung kritisiert wurden, interpretierten sie aus dem Verhalten der Testleiter heraus, dass ihnen zuvor großes Vertrauen bezüglich ihrer Fähigkeiten geschenkt wurde.

Das Experiment stellt unter Beweis, dass das Selbstbild und damit der Selbstwert durch das Verhalten anderer beeinflusst werden kann. Wie fundierte Forschungsergebnisse zudem aufweisen, fließen besonders jene sozialen Rückmeldungen in das Selbstkonzept ein, die positiv von der bisherigen Selbstwahrnehmung abweichen (Frey, Baldwin & Crott, 1984). Auf welche Art und Weise dies geschieht, wird in Kapitel 2.2.4 *Selbstwertdienliche Prozesse* genauer ausgeführt.

2.2.3.3 Soziale Vergleichsprozesse

„Soziale Vergleiche - Vergleiche also zwischen dem Selbst und anderen - beeinflussen wie kaum ein anderer psychologischer Mechanismus menschliches Urteilen, Erleben und Verhalten" (Mussweiler, 2006, S. 103). Demnach werden nicht nur Bewertungen, Gedanken und Gefühle, die das Selbstbild bestimmen, durch den sozialen Vergleich beeinflusst. Ebenso wirkt sich das Heranziehen von sozialen Vergleichen auf initiierte Handlungen aus. Menschen vergleichen sich ständig, bewusst und unbewusst. Als Grundlage zur Beurteilung anderer, vergleicht ein Individuum vorab inwiefern die fremdbezogene Einschätzung auf das Selbst zutrifft, um anschließend die Wahrnehmung zu festigen. Das bedeutet, dass selbst der Vermittlung einer Information, die sich auf eine andere Person bezieht, der Vergleich mit sich selbst vorausgeht (Dunning & Hayes, 1996).

Des Weiteren legt Turner (1987) mittels der aufgestellten Theorie der Selbstkategorisierung dar, „dass das situative Selbstkonzept von Menschen im Wesentlichen durch die Zugehörigkeit zu sozialen Gruppen bzw. Kategorien und die Unterscheidung zwischen Eigen- und Fremdgruppen bestimmt ist. Über unsere Ähnlichkeit mit der eigenen Gruppe (ingroup) und unsere Verschiedenheit von den an deren (outgroup) erkennen wir, wer wir sind" (zitiert nach Kessler & Fritsche, 2018, S. 76).

Das Bedürfnis nach sozialem Vergleich ist dementsprechend fest in der menschlichen Natur verankert. Daher stellen Prozesse des sozialen Vergleichs seit über 60 Jahren ein Kernthema der Sozialpsychologie dar (Mussweiler, 2006). Der thematische Ursprung findet sich in der von Festinger (1954) formulierten Theorie der sozialen Vergleichsprozesse. In dieser gibt er an, dass sich Menschen durch das Vergleichen mit ähnlichen Personen orientieren, um ihrem Wunsch nach Selbsterkenntnis nachzugehen.

Festinger (1954) stellte drei Hypothesen auf:

(1) Das grundlegende Bedürfnis die eigenen Sichtweisen, Eigenschaften und Fähigkeiten zu bewerten, wohnt dem menschlichen Organismus inne.

(2) Liegen keine tatsächlichen Maßstäbe (zum Vergleich) vor, erfolgt die Bewertung der Sichtweisen, Eigenschaften und Fähigkeiten durch den Vergleich mit Mitmenschen.

(3) Je ähnlicher eine Person einem Menschen ist, desto wahrscheinlicher ist es, dass diese für den Vergleich herangezogen wird.

Der Vergleich mit unähnlichen Personen ist keine Quelle, aus der Selbstwissen gewonnen werden kann (Traut-Mattausch et al., 2011). Wenn bspw. eine Person einschätzen möchte, wie gut sie Auto fahren kann, wäre es nicht sinnvoll zum Vergleich einen Formel-1-Fahrer zu wählen. Es sei denn, die Person ist selbst professionell aktiv oder wünscht sich das zu werden. Im Bezug auf die Vergleichbarkeit werden deswegen vorab Übereinstimmungen gewisser Merkmale geprüft. Dazu können neben demographischen Daten wie das Alter, Geschlecht oder der berufliche Stand z.b. auch Merkmale wie das Aussehen oder der Kleidungsstil einfließen (Suls, Gastorf & Lawhon, 1978).

Verglichen zu früher haben sich, ausgehend von heutigen Kommunikationsmitteln wie Fernsehen oder Internet, die Möglichkeiten sich mit anderen Menschen zu vergleichen, stark vervielfältigt. Beim Fernsehen können Zuschauer sich mit in Filmen, Serien, Sendungen oder in Werbungen auftretenden Personen vergleichen. Dahingegen begünstigt das Internet, allem voran soziale Netzwerke, insbesondere das Abgleichen des Selbst mit Freunden oder Bekannten aus dem realen Umfeld. Unabhängig vom Medium kann der soziale Vergleich individuell sehr unterschiedlich ausfallen (Krämer & Szczuka, 2016).

Man stelle sich bspw. einen Menschen vor, der unter einer seltenen Krankheit leidet und trotz einiger Erschwernisse, ein relativ erfülltes Leben führt. Dieser sieht im Fernsehen, wie ein weiterer Betroffener (derselben Krankheit) seine Lebensumstände schildert. Angenommen diese Person berichtet, ihr Leben sei seit der Erkrankung nahezu unerträglich, dann könnte sich das auf den vom Zuschauer vorgenommenen Vergleich sowohl positiv als auch negativ auswirken. Positiv wäre die abgeleitete Erkenntnis, selbst ein deutlich erträglicheres Leben zu führen, negativ, wenn sich die Einstellung zur eigenen Lebenssituation verschlechtere. Paradoxerweise könnte der gleiche Effekt auftreten, auch wenn die im Fernsehen gezeigte Person von keinerlei Einschränkungen ihrer Lebensqualität berichten würde. Denn daraus könnte die Motivation entspringen, die Handlungsmöglichkeiten zukünftig noch weniger durch die Krankheit zu beschränken oder aber, und das wäre eine negative Folge, die kranke Person verfällt in Selbstmitleid, da es anderen Betroffenen der Krankheit besser zu gehen scheint.

Das Beispiel verdeutlicht, wie unterschiedlich Vergleiche durch das individuelle Ableiten von Informationen ausfallen können und wie divers sich dies auch auf das Selbstwertgefühl auswirken kann. Sowohl die sozialen Vergleichsprozesse als auch die Fremdwahrnehmung wichtiger Menschen und soziale Rückmeldungen im Allgemeinen sind, als Träger von Informationen zum Selbst, allen drei verschiedenen *Ich's* zuzuordnen. Wie auch die Fremdwahrnehmung, beeinflussen verbale Rückmeldungen und Verhaltensinterpretationen sowie soziale Vergleiche das individuelle Bewusstsein darüber, wie man denkt von außen gesehen zu werden (*soziales Ich*). Die vermittelten Informationen werden mittels der eigenen Gedanken und Gefühle bewertet und, mehr oder weniger, in das Selbstkonzept eingeordnet (*spirituelles Ich*). Werden Botschaften hinsichtlich des äußeren Erscheinungsbild empfangen, so ist auch das *materielle Ich* involviert (Zimbardo & Gerrig, 2004).

2.2.4 Selbstwertdienliche Prozesse

Der Wunsch danach die Gesamtheit der eigenen Person als etwas Positives wahrzunehmen, kann als psychologisches Grundbedürfnis betrachtet werden (Pittman & Zeigler, 2007). Dass positive Bewertungen des Selbst mit psychischer Gesundheit einhergehen, zeigt sich in umfangreichen Untersuchungen (Taylor & Brown, 1988). Um die selbstbezogene Zufriedenheit und das generelle Wohlergehen zu bewahren oder zu steigern, streben Individuen stets nach einem hohen Selbstwert. Wie Kessler und Fritsche (2018) festhalten, bedient sich der Mensch, bewusst und unbewusst, verschiedener Strategien mit dem Ziel den Selbstwert zu steigern, bzw. zu wahren. Diese Strategien beeinflussen das Filtern und Einordnen von selbstwertrelevanten Informationen sowie das menschliche Handeln und werden in diesem Kapitel als *selbstwertdienliche Prozesse* vorgestellt.

Die Interpretation des eigenen Handelns oder dessen anderer, unterliegt dem Einfluss der allgemeinen Motivation, den Selbstwert zu schützen. Zunächst sei gesagt, dass sich menschliches Handeln von Verhalten insofern unterscheidet, dass es bewusst und zielgerichtet verläuft (Rheinberg, 2004). Zur Bestimmung der Ursache eines Handlungsergebnisses bieten sich dem Menschen zwei Möglichkeiten. Demnach kann der Ausgang einer Handlung entweder sich selbst oder der Umwelt zugeschrieben werden (Kanning, 2000). Die sog. „self-serving bias" (deutsch:

„selbstdienliche Verzerrungen") beschreiben diesbezüglich einen Prozess innerhalb der Selbstwahrnehmung. Selbstdienliche Verzerrungen beziehen sich also auf
die menschliche Tendenz, erfolgreiche Leistungen selbstbezogenen Ursachen und
Misserfolge äußeren Faktoren, wie etwa der Schwierigkeit einer Aufgabe oder
misslichen Umständen, zuzuschreiben. Die geschieht unabhängig von der objekti-
ven Wahrheit (Deppe & Harackiewicz, 1996). Erfolge anhand eigener Eigenschaften und Fähigkeiten festzumachen, beeinflusst sowohl die Selbst- als auch
Fremdwahrnehmung. Das hängt damit zusammen, dass der Ursachenzuschreibung
nachfolgend ein gewisses Selbstbild eingenommen und deshalb davon ausgegangen wird, den gleichen Eindruck auch bei seinen Mitmenschen hinterlassen zu haben. Somit beeinflussen self-serving bias auch das Bewusstsein darüber, wie man
von anderen wahrgenommen wird (Traut-Mattausch et al., 2011).

Mit „self-handicapping" („to handicap" - deutsch: „benachteiligen") und „sandbagging" („to sandbag" - deutsch (in diesem Zusammenhang): „sich zurücknehmen")
seien zwei weitere selbstwertdienliche Prozesse genannt, die als vorangehende
Strategien die Methode der „self-serving bias" unterstützen können. Ersteres beschreibt das bewusste Zulegen eines Handicaps vor einer Leistungssituation
(Deppe & Harackiewicz, 1996). Bspw. könnte eine Sängerin vor einer Gesangprü-
fung angeben, sie sei etwas erkältet und würde darauf aufmerksam machen, nicht
die gleichen Voraussetzungen wie ihre Konkurrenten zum Bestehen der Prüfung zu
haben. Das Verschlechtern der eigenen Ausgangssituation dient dem Zweck, sich
selbst auf einen potenziell bevorstehenden Misserfolg vorzubereiten. So könnte die
Sängerin im Falle, dass sie die Prüfung nicht besteht, ihre Leistung dem Umstand
zuschreiben, krank gewesen zu sein. Angenommen sie bekäme eine sehr gute Rückmeldung, dann würde das selbstgewählte Handicap die Leistung der Sängerin sogar aufwerten. Ein ähnliches Verfahren zeigt sich in der „sandbagging"-Methode.
Mit der Absicht einer für das Selbstwertgefühl bedrohlichen Leistungssituation
entgegenzuwirken, werden hierbei eigene Fähigkeiten, die mit dem Leistungsnach-
weis zusammenhängen, heruntergespielt (Deppe & Harackiewicz, 1996). Um bei
dem obigen Beispiel zu bleiben, würde die Sängerin also vor der Prüfung behaup-
ten, sie sei selbst nicht besonders überzeugt von ihrer Stimme. Die Intension hinter
diesem Handeln ist es, vorab eine geringe Erwartungshaltung bei den Mitmenschen zu generieren. Ebenso wie beim „self-handicapping" profitiert der Durchfüh-
rende auch bei der „sandbagging"-Strategie unabhängig vom Leistungsergebnis.
Wird die erbrachte Leistung als schlecht bewertet, gleicht sie zumindest dem eigenen Vorhersagen, was mögliche Vorwürfe einschränkt und somit den Selbstwert

schützt. Tritt ein positives Ergebnis auf, scheint die eigene Leistung nach außen hin viel überraschender, was sich auf die Rückmeldung und daher ebenfalls auf den Selbstwert auswirkt (Petersen et al., 2006).

Zusätzlich zur Beschreibung selbstwertdienlicher Prozesse ist zu betonen, dass die Selbsteinschätzung eines Menschen systematisch davon abweicht, wie diese Person von anderen wahrgenommen wird. So gibt es die Tendenz die eigenen Stärken als über- und die Schwächen als unterdurchschnittlich zu bewerten (Lewinsohn, Mischel, Chaplin & Barton, 1980). Dieser sog. „above-average-Effekt" bestätige sich u.a. in Studien von Dunning und Kruger (1999). Sie stellten fest, dass die Selbstwahrnehmung durch den Wunsch eines hohen Selbstwertes verzerrt wird. So gaben Menschen innerhalb der Untersuchung mehrheitlich an, selbst ein höheres Ausmaß an positiven Eigenschaften zu besitzen als ihre Mitmenschen. Gleichermaßen wurde das eigene Ausmaß negativer Eigenschaften geringer eingeschätzt als bei anderen Menschen. Der gleiche Effekt zeigt sich auch hinsichtlich der Fremdeinschätzung nahestehender Personen. Ausgehend von der Theorie der Selbstkategorisierung, nehmen Menschen Personen der „ingroup", d.h. Personen einer Gruppe, der sich der Mensch aufgrund von Ähnlichkeiten zugehörig fühlt, positiver wahr als Mitglieder der „outgroup". Denn nicht nur das Selbst wird konsequent überschätzt, sondern gleichermaßen Personen, die dem Selbst ähneln (Kessler & Fritsche, 2018). Um den „above-average"-Effekts zu stützen, weisen Kuiper und MacDonald (1982) darauf hin, dass Menschen vornehmlich Informationen suchen, die ihr Selbstkonzept bestätigen. Es handelt sich demnach um eine sehr selektive Informationssuche. Das hängt damit zusammen, dass jede Information, die in das Selbstkonzept einfließt und infolgedessen bewertet wird, den Selbstwert potentiell erhöhen oder verringern kann. Damit geht der Versuch einer selbstwertbedrohliche Informationen zu vermeiden (Stahlberg, Osnabrügge & Frey, 1985). Des Weiteren bestätigten die Autoren, dass Menschen soziale Rückmeldungen, die das Selbst positiv beeinflussen, wirksamer verarbeiten und in Folge dessen besser verinnerlichen.

Auch innerhalb sozialer Vergleichsprozesse wird angenommen, dass mit dem Ziel der Selbsterkenntnis, die Überschätzung eigener Eigenschaften und Fähigkeiten einhergehen kann. Abhängig davon, wer als Vergleichsobjekt gewählt wird, kommt dies mehr oder weniger zum Tragen. Die von Wills (1981) aufgestellte Theorie des „abwärtsgerichteten Vergleichs" besagt, dass im Streben danach das Selbst positiv wahrzunehmen, vorwiegend eine Auswahl von Vergleichspersonen hilfreich ist, die im betroffenen Bereich deutlich schlechter abschneiden als man selbst (englisch:

„downward comparison"). Bspw. würde es den Selbstwert eines Gymnasiallehrers stärken, wenn dieser seine akademischen Fähigkeiten mit denen eines Grundschullehrers vergleicht. Die gegenteilige Wirkung tritt auf, wenn zum Vergleich eine Person herangezogen wird, die innerhalb des verglichenen Bereichs deutlich besser abschneidet (englisch: „upward comparison"). Hierbei würde der Lehrer eines Gymnasiums etwa einen hochqualifizierten Professor zum Vergleich heranziehen.

Es besteht weitestgehend Einigkeit darüber, dass insbesondere Menschen, bei denen sich ein hoch ausgeprägter Selbstwert feststellen lässt, sich bewusst und unbewusst selbstwertdienlicher Strategien bedienen (Krämer & Szczuka, 2016). Dies scheint nachvollziehbar, denn durch die beschriebenen Prozesse wird „das subjektive Wohlempfinden (...) erhöht, was dieses Vorgehen für zukünftige Vergleiche wahrscheinlicher macht" (Krämer & Szczuka, 2016, S.304).

Angesichts der erläuterten Prozesse oder Strategien ist nicht außer Acht zu lassen, dass ein positiv ausgeprägtes Selbstwertgefühl „leicht auch das Ergebnis einer einseitigen, selbstwertdienlichen Informationsverarbeitung bei der Selbstwahrnehmung, bei sozialen Rückmeldungen und bei sozialen Vergleichsprozessen sein kann" (Petersen et al., 2006, S. 45).

Es stellt sich die Frage, ob ein positiver Selbstwert erstrebenswert ist, wenn er auf verzerrten Strategien basiert. Mit Sicherheit kann davon ausgegangen werden, dass ein negatives Selbstwertgefühl weder für das Individuum noch sein soziales Umfeld förderlich ist. Studien belegen einen deutlichen Zusammenhang zwischen psychischen Erkrankungen und einem niedrigen Selbstwert (Petersen et al., 2006). Deshalb, so die Schlussfolgerung von Schütz (2003), sollte der Mensch stets bemüht sein, realistische Einschätzungen zur eigenen Person zu treffen, um ein positives aber gleichzeitig moderates Selbstwertgefühl zu erreichen. Weiter führt er aus, dass beide Extreme, sowohl überaus hoher als auch niedriger Selbstwert zu vermeiden sind, um das eigene Wohlergehen und das der Mitmenschen zu gewährleisten.

2.2.5 Selbstdarstellung

Auch die Art und Weise in der sich ein Mensch präsentiert, ermöglicht es Rückschlüsse hinsichtlich der Ursachen ausgeübter Handlungen zu ziehen. Wie Rüdiger und Schütz (2016) festhalten, steht das Konstrukt der Selbstdarstellung „am Ende einer Kette kognitiver und affektiver Mechanismen der Informationsverarbeitung sowie Bedeutungszuweisung und beinhaltet, wie sich das Selbst in konkreten Verhaltensweisen ausdrückt" (zitiert nach Bierhoff & Frey, 2016, S.191). Als Selbstdarstellung lassen sich alle Verhaltensweisen eines Individuums zusammenfassen, die darauf abzielen einen bestimmten Eindruck der eigenen Person zu vermitteln. Dieser Prozess kann sowohl bewusst und (mehr oder weniger) kontrolliert als auch unbewusst verlaufen (Leary & Kowalski, 1990). Ersteres lässt sich bspw. anhand der Beobachtung unternehmensinterner Vorträge feststellen. Wer seinen Arbeitskollegen gut kennt, wird feststellen, dass sich dieser sich in solchen Situationen bewusst etwas anders verhält, bzw. auftritt als in der Mittagspause. Innerhalb von Situationen, bei denen die Eindrucksvermittlung nicht planbar ist, basiert die Selbstdarstellung auf dem angeeigneten Selbstwissen und läuft weitestgehend unbewusst ab (Leary & Kowalski, 1990). Bspw. dann, wenn Personen sich einander neu kennenlernen.

Generell kann sich Selbstdarstellung „auf alle Aspekte des Selbstkonzeptes beziehen, z.b. auf die eigenen Fähigkeiten, Einstellungen oder auch Ziele, und kann sowohl verbal (z.b. durch Erzählungen) als auch nonverbal (z.b. durch Auftreten oder Kleidung) transportiert werden" (DePaulo, 1992, zitiert nach Traut-Mattausch et al., 2011, S. 29).

Leary und Hastorf (1996) zufolge erfüllt der Prozess der Selbstdarstellung im Kern drei Funktionen für den Menschen:

Selbstdarstellung...

(1) fungiert als Mittel zur Einflussnahme auf Menschen.

(2) wirkt sich auf den Selbstwert aus.

(3) wirkt förderlich für das Auftreten positiver Emotionen.

Wenn das Selbst dargestellt wird, werden Reaktionen bei Beobachtern hervorgerufen. Weil das Fremdbild der Zuschauer auf Grundlage der Eindrucksvermittlung entsteht, unterliegen sie dem Einfluss des Darstellenden. Dieser kann sich selbst, je nach Intension, versuchen realitätsnah oder aber positiv oder negativ verzerrt zu präsentieren (Renner, 2011). Ist eine gewisse Eindrucksvermittlung beabsichtigt, hängt die Ausrichtung der Darstellung maßgeblich von der anwesenden Person (oder den anwesenden Personen) ab (Traut-Mattausch et al., 2011). Bspw. könnte eine negative Inszenierung der eigenen Person beabsichtigen, Distanz zu einer bestimmten Person zu kreieren. Allerdings streben Menschen zumeist danach, sich selbst eher positiv darzustellen, wie etwa in Bewerbungsgesprächen oder während einer romantischen Verabredung, aber auch generell innerhalb sozialer Interaktionen (Traut-Mattausch et al., 2011). Selbstdarstellung kann außerdem dem Zweck dienen, sich selbst zu beeinflussen, indem eine Person versucht sich davon zu überzeugen, dass sie im Besitz gewisser Fähigkeiten oder Eigenschaften ist. Hierbei kann eine Person ein individuell wahrgenommenes, idealeres Selbst darstellen, mit dem Ziel sich diesem anzunähern (Rüdiger & Schütz, 2016).

Ein Beispiel wäre ein junges Mädchen, welches sehr zurückhaltend ist und kaum Freunde hat. Um zukünftig viele Freundschaften zu pflegen, könnte sie sich aktiv bemühen ein Selbst darzustellen, das offener und gesprächiger ist. Infolgedessen könnte sie feststellen, dass es ihr mit zunehmendem sozialen Austausch besser geht. Sie könnte ihr Verhalten beibehalten und sich so dem „idealeren" Selbst annähern.

Das Beispiel weist auch darauf hin, dass sich die Konsequenzen der Selbstdarstellung auf den Selbstwert auswirken können. Angenommen das Mädchen würde in Folge ihrer Anstrengungen mehr Freunde finden, dann ermöglichte ihr das eine erweiterte Vielfältigkeit an Selbst- und Fremdwahrnehmungen, sozialen Rückschlüssen und sozialen Vergleichen. Sie würde letztlich ein ausgeprägteres Selbstkonzept besitzen und somit ihre Chance auf einen moderat positiven Selbstwert erhöhen. Demnach kann die Selbstdarstellung auch das Auftreten positiver Emotionen fördern (Rüdiger & Schütz, 2016).

2.2.5.1 Selbstdiskrepanztheorie und regulatorischer Fokus

Die Theorie der Selbstdiskrepanz besagt, dass ein Individuum zur eigenen Verhaltensbewertung, sein tatsächliches Selbst mit dem sog. „Soll-Selbst" vergleicht, um das Ziel des idealen Selbst zu erreichen (Higgins, Klein & Strauman, 1987).

Ein Beispiel wäre ein Student, der seine momentane Leistung (tatsächliches Selbst) mit der Verpflichtung alle Klausuren zu bestehen (Soll-Selbst) vergleicht, um dem Wunsch ein erfolgreiches Master-Studium abzuschließen (Ideal-Selbst) nachzugehen.

Wird das Ziel des Ideal- oder Soll-Selbst nicht erreicht, kann sich dies je nach Vergleich unterschiedlich auf die Emotionen eines Menschen auswirken. Diskrepanzen zwischen tatsächlichem und Ideal-Selbst führen i.d.R. zu Unzufriedenheit und Frust. Dahingegen entstehen bei zu großen Abweichungen zwischen tatsächlichem und Soll-Selbst eher Gefühle der Unruhe und Angst (Higgins, Bond, Klein & Strauman, 1986).

Um sich dem idealen oder Soll-Selbst anzunähern, bedient sich der Mensch unterschiedlicher Strategien, um mit auftretenden Diskrepanzen zum tatsächlichen Selbst umgehen zu können. Diese werden innerhalb der von Higgins (1998) aufgestellten Theorie der Selbstregulation als „Promotion-Focus" („to promote" - deutsch: „fördern") und „Prevention-Focus" („to prevent" - deutsch: „vermeiden") bezeichnet. Erstere beschreibt ein motiviertes Verhalten, das darauf ausgerichtet ist, die eigens vorgegebenen Ideale zu erreichen (z.b. intensive Klausurvorbereitungen für den maximalen Erfolg im Studium). Im Unterschied dazu wird innerhalb des Prevention-Focus hauptsächlich darauf geachtet, negative Endergebnisse zu vermeiden (z.b. jede Klausur bestehen, um nicht exmatrikuliert zu werden) (Traut-Mattausch et al., 2011). Higgins (1998) zufolge wechseln Menschen je nach Situation und sozialem Kontext zwischen beiden Strategien. Jedoch ist eine individuelle und richtungsweisende Grundorientierung bereits in der menschlichen Persönlichkeit verankert.

2.3 Das soziale Netzwerk Instagram

Da diese Forschungsarbeit ihren Fokus auf Instagram richtet, gilt es nachfolgend zu erklären, worum es sich bei diesem sozialen Netzwerk handelt und aus welchen Intensionen heraus, Menschen diese Applikation nutzen.

Zunächst sei gesagt, dass Instagram mit etwa einer Milliarde Nutzern (Stand: Juni 2018) zu den größten sozialen Netzwerken der Welt gehört (TechCrunsh, 2018).

Seit Oktober 2010 können Nutzer sowohl Fotos als auch Videos mithilfe der Applikation grafisch bearbeiten, um diese anschließend mit der Instagram-Gemeinschaft zu teilen. Des Weiteren kann ein Nutzer eine sog. „Story" posten. Das bedeutet, dass dieser ein Foto oder Video veröffentlichen kann, welches nach 24 Stunden automatisch von der Plattform verschwindet und somit nicht mehr sichtbar ist. Als Besonderheit des Netzwerkes ist zu nennen, dass keine Texte verbreitet werden können (im Gegensatz zu Facebook), lediglich jene die Kommentare zu Fotos oder Videos darstellen. Ob eigene Inhalte öffentlich oder ausschließlich für Abonnenten sichtbar sind, kann jeder Nutzer in den Einstellungen von Instagram selbst festlegen.

Die konzeptionelle Idee ist es, den Benutzern eine Plattform zu bieten, auf der sie sich durch eigene Inhalte kreativ ausleben können. Es ist dieser Impuls, der es ihnen ermöglicht und dazu veranlasst ein, für Betrachter merkliches, individuelles Verhalten auszuführen (Kobilke, 2016). Während bspw. manche darauf bedacht sind, bereiste Städte oder Landschaften zu teilen, konzentrieren sich andere darauf, ihre Mitmenschen am eigenen Alltag teilhaben zu lassen. Wieder andere kreieren ein möglichst intellektuell anmutendes Erscheinungsbild und eine Reihe von Usern strebt verstärkt an, als körperlich attraktiv wahrgenommen zu werden. Unabhängig von der eigenen (bewussten oder unbewussten) Intension die Applikation zu nutzen und der Auswirkung auf das Nutzerverhalten, erlangen Betrachter durch die Inhalte anderer, einen ausgewählten Einblick in die Identität dieser Menschen (Kobilke, 2016). Allerdings spiegelt sich der soziale Aspekt von Instagram nicht lediglich im bewussten Teilen von Inhalten an Freunde oder die breitere Öffentlichkeit. Gerade die unmittelbare, personenbezogene Resonanz in Form von Kommentaren oder „Likes", stellt einen elementaren Teil der digitalen Sozialität dar, die Instagram ermöglicht. Studien belegen, dass der prompte Feedback-Kanal den Nutzer dazu veranlasst eine aufgeregte Erwartungshaltung einzunehmen (Kobilke, 2016). Die sog. „Likes" stellen eine Art Bewertungssystem auf der digitalen Plattform dar. Postet ein Nutzer ein Foto, Video oder Kommentar, so handelt er in Erwartung eines positiven Feedbacks, also „Gefällt mir"-Angaben. Ergebnisse aus der Gehirnforschung belegen, dass mit der freudigen Erwartungshaltung eine erhöhte Aktivität im Bereich des ventralen Striatums einhergeht (Montag, 2018). Umgangssprachlich wird jener Bereich als das Belohnungssystem des menschlichen Gehirns bezeichnet. Durch das lokale Zusammenwirken von Kognitionen, Emotionen und Motivationen, erfährt dieser bei Vorfreude eine erhöhte Aktivität. Ebenso wird das ventrale Striatum aktiviert, wenn die Erwartung schließlich eintritt. Des Weiteren konnte belegt werden, dass das Empfangen von „Likes", das Dopamin-Level erhöht (Montag, 2018). Adam Alter und Pauli gehen in ihrem Buch sogar so weit, das Erhalten von „Likes" mit der Einnahme von Drogen zu vergleichen. Bezüglich dessen, was im Gehirn geschehe, sei es eine sehr ähnliche Erfahrung. Es gibt nie eine Garantie dafür, das gewünschte Ergebnis (also die „Likes") erzielen zu können (Alter & Pauli, 2018). Alter und Pauli (2018) zufolge, ist die Erwartungshaltung und Ungewissheit das, was den Menschen süchtig macht, vorausgesetzt das gewünschte Ergebnis wird, zumindest zu Teilen, erreicht.

Es ist festzuhalten, dass Instagram neben dem kommunizierten Mehrwert auch Funktionen enthält, die den Menschen weitestgehend unbewusst an das soziale Netzwerk binden.

2.3.1 Soziale Vergleichsprozesse auf Instagram

Neben den Möglichkeiten zu sozialen Vergleichen, die sich aus der digitalen Selbstdarstellung der Nutzer ergeben, bestehen innerhalb der Plattform weitere Faktoren, die diesen Prozess begünstigen.

Abbildung 1: Öffentliche Instagram Profilansicht am Beispiel von Stern (Instagram, 2018)

Anhand der exemplarisch abgebildeten Instagram-Profilseite des Wochenmagazins Stern, lassen sich die drei Kennzahlen ablesen, die sich auf jeder Profilseite eines Nutzers befinden. Diese kennzeichnen sich als (1) *Beiträge*, (2) *Abonnenten* und (3) *abonniert*. Die Zahl der Beiträge zeigt an, wie viele Fotos und Videos insgesamt von einem Account gepostet wurden. Demnach schließt sie u.a. darüber auf, wie aktiv ein Nutzer ausgewählte Inhalte mit seinen Abonnenten teilt. Die Zahl der

Abonnenten gibt Auskunft darüber, wie viele Menschen dem jeweiligen Profil folgen, d.h. wie viele Menschen entschieden haben, Inhalte dieser Person zu empfangen. Die dritte Kennzahl (*abboniert*) informiert darüber, wie vielen anderen Profilseiten gefolgt wird. Im obigen Bereich des Profils platziert, gleichen diese Kennziffern einer Überschrift, die vor Betrachtung des Profils einen bestimmten Eindruck hinterlassen können. Diese Angaben sowie die „Likes" und die generelle digitale Darstellung von Nutzern, ermöglicht es Menschen sich miteinander auf eine Art und Weise zu vergleichen, die sich gleichermaßen in der Realität nicht umsetzen ließe (Kobilke, 2016).

Es stellt sich nun die Frage, mit wem sich ein Nutzer vergleicht und womit dies zusammenhängt. Hier ist es immens wichtig, auf den von Instagram im Jahr 2016 eingeführten Algorithmus einzugehen. Dieser beeinflusst maßgeblich, welche Personen in erster Linie zum Vergleich herangezogen werden. Das liegt daran, dass der Algorithmus Instagram ermöglicht, Inhalte nicht mehr in chronologischer Reihenfolge zu präsentieren, sondern in Abhängigkeit der individuell errechneten Priorität eines Nutzers (Rising Media Ltd. B, 2018).

Diese Priorisierung erfolgt anhand der Bewertung drei wesentlicher Merkmale:

Aktualität, (2) Interesse, (3) Beziehung.

Aktualität bezeichnet die Vorgehensweise von Seiten des sozialen Netzwerkes, aktuelleren Beiträgen eine höhere Relevanz zuzuschreiben. Die anderen beiden Merkmale orientieren sich an dem jeweiligen Benutzerverhalten (Digital pioniers, 2018). *Interesse* kennzeichnet die Methode, Inhalte vorab hinsichtlich der Präferenzen eines Nutzers zu bewerten. Der Analyse des vergangenen Nutzerverhaltens nachfolgend, werden die präsentierten Inhalte angepasst. Reagiert eine Person mittels „Gefällt-mir"-Angaben oder Kommentaren bspw. häufig auf Landschaftsdarstellungen, so lernt der Algorithmus dieses Verhalten. Es steigt somit die Wahrscheinlichkeit dafür, dass die Person fortan vorrangig ähnliche Inhalte empfangen wird (Rising Media Ltd. B, 2018). Innerhalb des Merkmals *Beziehung* stellt der Algorithmus fest, wie eng die Beziehung zwischen Beitragsersteller und Empfänger ist. Mit anderen Worten, Instagram erfasst vorausgegangene Interaktionen zwischen Nutzern und passt die Wahrscheinlichkeit dafür, dass ein Beitrag möglichst weit oben im Informationsfluss erscheint, der Intensität dieser Interaktionen an (Digital pioniers, 2018).

Zusammenfassend kann also festgehalten werden, dass Instagram aus der Menge der Inhalte von abonnierten Personen, die für den Nutzer relevantesten filtert und individuell priorisiert. Dass zwischenmenschliche Interaktionen (innerhalb der Applikation) die Priorisierung von empfangenen Beiträgen beeinflussen, ist vor allem hinsichtlich der sozialen Vergleichsprozesse auf Instagram relevant. Ausgehend davon, dass Menschen innerhalb des freiwilligen sozialen Austauschs, Interaktionspartner bevorzugen, die dem Selbst ähneln (siehe Kapitel 2.1.1 *Das menschliche Wesen*), wird deutlich, dass Inhalte jener Menschen für den Nutzer priorisiert werden. Das bedeutet im Umkehrschluss, dass dem Instagram-Nutzer vorrangig Inhalte von Personen präsentiert werden, die der eigenen Person ähnlich sind.

Wie bereits in Kapitel 2.2.3.3 *Soziale Vergleichsprozesse* erläutert wurde, befriedigen Vergleiche mit ähnlichen Mitmenschen das grundpsychologische Bedürfnis nach Selbsterkenntnis (Festinger, 1954). Aus diesem Grund orientieren sich die Benutzer der Plattform an Verhalten, Handlungen oder Einstellungen anderer Nutzer und ziehen daraus Rückschlüsse für sich selbst. Soziale Vergleichsprozesse verhelfen dazu, sich der eignen Identität bewusster zu werden (Leary & Tangney, 2003).

Instagram bedient sich diesem Wissen und setzt es strategisch ein, um die Nutzer an das Netzwerk zu binden.

2.4 Herleitung der Forschungsfrage und Hypothesen

Ausgehend von den zuvor beschriebenen Theorien und Untersuchungen, erfolgt im Folgenden die Herleitung der Forschungsfrage und Aufstellung zugehöriger Hypothesen.

Feinstein et al. (2013) befassten sich bereits mit sozialen Netzwerken und deren Wirkung auf Menschen, die sie nutzen. Innerhalb ihrer Studie wurden Testpersonen je nach Ausprägung (eher positiv oder negativ) selbsteingeschätzter Fähigkeiten in zwei Gruppen aufgeteilt. Die Ergebnisse bestätigten die Annahme, dass für Menschen, die sich selbst insgesamt eher negativ einschätzen, ein höheres Risiko besteht durch den sozialen Vergleich (hier in Facebook) traurige Gedanken und depressive Symptome zu entwickeln.

Auch andere Studien zeigen auf, dass sich die Nutzung sozialer Medien auf das individuelle Wohlempfinden auswirken kann. Bspw. konnte Yang (2016) in seiner Studie einen signifikant positiven Zusammenhang zwischen der Intensität der Selbstdarstellung auf Instagram und Gefühlen der Einsamkeit bestätigen.

Ebenfalls konnte die Annahme, dass sich durch die Nutzung sozialer Netzwerke relevantes Selbstwissen gewinnen lässt und somit das Selbstkonzept zunehmende Stabilität erfährt, innerhalb der Studie von Appel, Schreiner, Weber, Mara und

27

Gnambs (2018) verworfen werden. Dieses Ergebnis aber, wirft weitere Fragen auf. Denn wie Festinger (1954) in der Theorie der sozialen Vergleichsprozesse angibt, suchen Menschen den Vergleich zu ähnlichen Mitmenschen, um ihr Bedürfnis nach Selbsterkenntnis zu befriedigen. Soziale Netzwerke wie Instagram bieten Menschen eine Möglichkeit, diesem Streben nachzukommen. Wie in Kapitel 2.3.1 *Soziale Vergleichsprozesse auf Instagram* aufgeführt wurde, errechnet der Instagram-Algorithmus den Stellenwert einer Beziehung und berücksichtigt diesen bei der Präsentation von Inhalten. Geht ein Benutzer seinem Bedürfnis nach Selbsterkenntnis nach, sollte er sich demnach an ähnlichen Menschen orientieren und infolgedessen verstärkt Inhalte dieser Personen empfangen. In Appel's et al. Untersuchung wurde erforscht, welcher Zusammenhang zwischen der Klarheit des Selbstkonzeptes (englisch: „Self-concept clarity") und der Facebook-Nutzung besteht (2018). Appel et al. (2018) definierten die Klarheit des Selbstkonzeptes wie folgt: „Self- concept clarity, that is, individuals' perception of a clear and internally consistent self-concept content" (P. 160). Nicht nur zeigten die Ergebnisse, dass die erhöhte Facebook-Nutzung mit der geringeren Klarheit des Selbstkonzeptes korrelierte, darüberhinaus wurde deutlich, dass die Nutzung des sozialen Netzwerkes der Bildung eines stabilen Selbstkonzeptes langfristig entgegenwirken kann (Appel et al., 2018).

Die aufgeführten Studienergebnisse zeigen auf, dass Instagram und Facebook sowohl das individuelle Wohlempfinden als auch die wahrgenommene Sicherheit über die eigene Person und somit das Selbstkonzept beeinflussen.

Ausgehend davon, dass sich das Selbstwertgefühl in Abhängigkeit des Selbstkonzeptes bildet, (siehe Kapitel 2.2.2 *Selbstwert*) ist es naheliegend, dass auch dieses dem Einfluss sozialer Netzwerke unterliegt. Da allem voran Instagram einen starken Zuwachs an Nutzern erfährt, liegt das Hauptaugenmerk dieser Forschungsarbeit auf diesem sozialen Netzwerk. Davon ausgehend hat sich folgende Fragestellung als Untersuchungsziel herausgestellt:

Besteht ein Zusammenhang zwischen sozialen Vergleichsprozessen auf Instagram und dem Selbstwert des Nutzers?

In Bezug auf die Forschungsfrage ist festzuhalten, dass bereits einige Studien zum Selbstwert und sozialen Vergleichsprozessen in sozialen Netzwerken durchgeführt wurden. So wiesen Forschungsergebnisse von Vogel et al. (2014) einen signifikanten und negativen Zusammenhang zwischen der Intensität der Facebook-Nutzung und dem Selbstwertgefühl des Nutzers auf. Darauf aufbauend fanden Cramer, Song und Drent (2016) mittels ihrer Untersuchung heraus, dass Menschen deren Selbstwertausprägung eher niedrig ist, eher dazu neigen sich mit anderen Menschen auf Facebook zu vergleichen.

Die Untersuchung von Stapleton, Lutz und Chatwin (2017) ist jene, die dem Forschungsgegenstand dieser Arbeit am ähnlichsten kommt. Dabei wurden soziale Vergleichsprozesse auf Instagram als vermittelndes Konstrukt innerhalb der Beziehung zwischen Instagram-Nutzung und dem Selbstwert untersucht. Ihre Stichprobe begrenzten sie auf Teilnehmer zwischen 18 und 29 Jahren. Die Ergebnisse der Studie zeigten keinen signifikanten Zusammenhang zwischen der Instagram-Nutzung und dem Selbstwert. Dahingegen bestand ein signifikant negativer Zusammenhang zwischen sozialen Vergleichsprozessen auf Instagram und dem Selbstwert. Daraus entnahmen die Untersuchenden, dass nicht die Intensität der Nutzung, sondern die individuelle Tendenz, sich mit seinen Mitmenschen vergleichen zu wollen, ausschlaggebend für die Auswirkungen auf den Selbstwert sind.

Trotz dieser thematisch sehr ähnlichen Studie, ist es wichtig weitere Untersuchungen anzustellen. Die Aktualität der Thematik und Reichweite der betroffenen Menschen stellen die Notwendigkeit dar, bestehende Erkenntnisse gegebenenfalls anzuzweifeln und neue zu generieren. Abgesehen davon unterscheiden sich die in dieser Forschungsarbeit angewandten Methoden maßgeblich (siehe Kapitel 3.2 *Beschreibung des Fragebogens*). Es ist festzuhalten, dass im Gegensatz zu anderen Studien, die sich mit diesem Thema befassen, innerhalb dieser Untersuchung nicht der bereichsunspezifische, implizite Selbstwert untersucht wird, sondern der explizite Selbstwert. Diese Vorgehensweise fußt auf der Annahme, dass menschliches Verhalten über den expliziten Selbstwertes aussagekräftiger zu deuten ist (siehe Kapitel 2.2.2.1 *Impliziter und expliziter Selbstwert*). Mittels der von Heatherton und Polivy (1991) aufgestellten Subdimensionen des expliziten Selbstwert (*Performance self-esteem, Social self-esteem* und *Appearance self-esteem*), kann ein differenzierteres Verständnis der erhobenen Daten abgeleitet werden. Darauf aufbauend kann zudem durch die Analyse des situationsabhängigen, bereichsspezifischen Selbstwertes (expliziter Selbstwert) auf die Auswirkung hinsichtlich des zeitüberdauernden, bereichsunspezifischen Selbstwertes (impliziter Selbstwert) geschlossen werden.

Bevor auf die Erhebungsmethode der Untersuchung eingegangen wird, erfolgt die Formulierung der vier vorab aufgestellten Hypothesen:

(1) Zwischen dem expliziten Selbstwert und sozialen Vergleichsprozessen auf Instagram besteht ein negativ signifikanter Zusammenhang.

(2) Zwischen jeder der Subdimensionen des expliziten Selbstwertes und sozialen Vergleichsprozessen auf Instagram besteht ein negativ signifikanter Zusammenhang.

(3) Appearance self-esteem und Social self-esteem haben zur Tendenz zu sozialen Vergleichen einen negativeren und signifikanten Zusammenhang als Performance self-esteem.

(4) Zwischen dem expliziten Selbstwert und der Nutzungsintensität von Instagram besteht ein negativ signifikanter Zusammenhang.

3 Methodik

3.1 Erhebungsmethode

Mit dem Ziel hinsichtlich der Forschungsfrage dieser Arbeit aussagekräftige Erkenntnisse zu gewinnen, wurde eine quantitative Fragebogen-Erhebung durchgeführt. Zur Erstellung und Durchführung der Studie wurde das Online-Tool Sosci Survey verwendet. Innerhalb des Zeitraums vom 11.10.2018 bis einschließlich zum 26.10.2018 war der Fragebogen unter folgendem Link abrufbar: https://www.soscisurvey.de/medienpsychologie2018/

Innerhalb der Erhebung wurden drei bestehende Fragebogen verwendet. Während der erste dazu diente, das explizite Selbstwertgefühl und die zugehörigen Subdimensionen zu messen, erfragte der zweite die Intensität hinsichtlich dessen, wie stark sich ein Instagram-Nutzer mit anderen Nutzern auf der Plattform vergleicht. Der dritte Fragebogen erfüllte den Zweck neben der zentralen Korrelationsstudie, weitere Erkenntnisse hinsichtlich des generellen Nutzerempfindens auf Instagram zu messen. Diejenigen Fragebogen, die den expliziten Selbstwert und die Intensität des sozialen Vergleichs auf Instagram erfragten, waren online frei verfügbar. Beim Fragebogen, der individuelles Nutzerempfinden von Instagram-Nutzern misst, wurde die Erlaubnis zur Benutzung via Mail angefragt und von der Autorin Lisa Wise, einer australischen Professorin, erteilt. Die detaillierte Beschreibung der verwendeten Fragebogen ist im nachfolgenden Kapitel *Beschreibung des Fragebogens* aufgeführt.

Vorweg ist festzuhalten, dass alle Items der jeweiligen drei Fragebogen in der Originalfassung auf Englisch formuliert sind. Weil die Umfrage im deutschsprachigen Raum durchgeführt wurde, mussten diese zunächst übersetzt werden. Zur qualitativen Gewährleistung wurde diese Aufgabe von einer Person aus dem privaten Umfeld erfüllt, die sowohl englisch- als auch deutschsprachig aufgewachsen ist. Die deutsche Übersetzung wurde anschließend von einer weiteren Person wiederum auf englisch übersetzt, um sicherzustellen, dass die Items im Zuge der ersten Übersetzung sinngemäß und inhaltlich korrekt übertragen wurden.

Bevor der zusammengestellte Fragebogen am 11.10.2018 online aufzurufen war, wurde ein Pre-Test durchgeführt. Mit dem Ziel die Items des Fragebogens auf Verständlichkeit und Rechtschreibung zu prüfen, wurde dieser von vier Personen ausgefüllt, die die Möglichkeit hatten zu jedem der Items eine Anmerkung zu hinterlassen. Zusätzlich diente der Pre-Test der Einschätzung, wie viel Zeit für die

Bearbeitung benötigt wird. Nachfolgend konnte hierfür ein Richtwert von fünf Minuten angegeben werden. Nach der Optimierung anhand formulierter Bemerkungen begann die Datenerhebung.

Zur Aufmerksamkeitsgenerierung und Verbreitung der Fragebogen-Studie wurde, neben WhatsApp zur direkten Ansprache von Personen aus dem eigenen Umfeld, Facebook genutzt.

Hallo liebe Leute und vor allem Instagram-Nutzer!

Morgens aufstehen und erst einmal in den ununterbrochenen Informationsfluss eintauchen, den uns soziale Netzwerke wie Instagram ermöglichen... Das hat sich bei vielen von uns zu einem routinierten Verhalten entwickelt, bei manchen stärker, bei anderen weniger stark.

Habt ihr schon einmal darüber nachgedacht, inwieweit uns das eigene Nutzerverhalten und das anderer Personen beeinflussen kann? Was geschieht aus psychologischer Sicht mit uns, ausgehend von der Tatsache, dass wir prompt unzählige Eindrücke aus dem Leben aller Bekannten und Freunde abrufen können, und das auch tun?

Im Rahmen meiner Bachelor-Arbeit habe ich eine Fragebogen-Studie (aus bestehenden Fragebögen) entwickelt, welche diese Thematik behandelt. Die Teilnahme kostet euch 5 Minuten und hilft mir, aussagekräftige Ergebnisse zu gewinnen. Ich freue mich über eure Teilnahme!

Die Umfrage findet ihr unter folgendem Link:

https://www.soscisurvey.de/medienpsychologie2018/

Liebe Grüße
Nick

○ 28   9 Kommentare 7 geteilte Inhalte

🖒 Gefällt mir   💬 Kommentieren   ↷ Teilen

Abbildung 2: Facebook-Post zur Gewinnung von Probanden (Eigene Darstellung).

Abbildung 2 zeigt den formulierten Facebook-Post, der sowohl auf der eigenen Profilseite als auch in verschiedenen Facebook-Gruppen wie z.B. der *HMKW Campus Köln* - Gruppe veröffentlicht wurde. Der Fragebogen konnte entweder via Browser vom Computer oder vom Smartphone ausgefüllt werden. Die Teilnahme erfolgte anonym, was den Testpersonen innerhalb der Einführung des Fragebogens vermittelt wurde.

3.2 Beschreibung des Fragebogens

Der zur Untersuchung angewandte Fragebogen wurde selbstständig zusammenge-stellt und besteht aus insgesamt 41 Items (+ 1 Item: optionale Angabe der E-Mail-Adresse zum Erhalt der Forschungsergebnisse).

Die Items lassen sich in vier thematische Schwerpunkte unterteilen:

(1) Demographische Daten und Instagram-Nutzung

(2) Explizites Selbstwertgefühl

(3) Soziale Vergleichsprozesse auf Instagram

(4) Nutzerempfinden

Nachfolgend werden die Bestandteile des Fragebogens chronologisch erläutert so-wie auf die bereits etablierten Fragebogen eingegangen, die zur Erstellung verwen-det wurden. Die vollständige Ansicht des Fragebogens befindet sich im Anhang.

Die erste Seite umfasst eine Einführung in die Umfrage. Innerhalb dieser wird sich für die Teilnahme des Probanden bedankt sowie die Thematik der Studie genannt. Dabei wird lediglich erwähnt, dass es sich um soziale Vergleichsprozesse innerhalb von Instagram handelt. Der Verzicht darauf, dass u.a. der Selbstwert der Testperson erfragt wird, fußt auf einer bewussten Entscheidung. Damit geht der Versuch ein-her bewusste Verzerrungen hinsichtlich der Antworten zu vermeiden. Denn wie in Kapitel 2.2.4 *Selbstwertdienliche Prozesse* ausführlich erläutert wurde, laufen be-wusst und unbewusst zahlreiche Prozesse ab, die das Ziel verfolgen den eigenen Selbstwert zu schützen oder zu erhöhen. Während der Beantwortung der Items könnte das Bewusstsein über das erfragte Konstrukt, das Antwortverhalten zusätz-lich beeinflussen. Des Weiteren wurde darauf aufmerksam gemacht, dass die Durchführung in etwa fünf Minuten beansprucht und die Daten der Teilnehmer streng vertraulich und anonym behandelt werden. Die Einführung endet mit dem Hinweis darauf, dass mittels der Angabe der E-Mail-Adresse zum Schluss des Fra-gebogens, der Erhalt der erhobenen Daten erfolgen wird.

Im Anschluss daran folgen insgesamt sechs Items, die sich sowohl mit demographi-schen Daten der Testpersonen als auch mit der Nutzung von Instagram befassen. Innerhalb der demographischen Daten werden mithilfe von drei Items das Ge-schlecht, Alter und der Berufsstand abgefragt. Das vierte Item fragt danach, ob der Proband bei Instagram angemeldet ist und wie oft er das soziale Netzwerk nutzt (Abbildung 3).

4. Sind Sie bei Instagram angemeldet und wenn ja, wie häufig nutzen Sie es?

○ Ja, ich bin bei Instagram angemeldet und nutze es fast jeden Tag.
○ Ja, ich bin bei Instagram angemeldet und nutze es regelmäßig (mindestens 3 Mal pro Woche).
○ Ja, ich bin bei Instagram angemeldet, aber nutze es unregelmäßig (weniger als 3 Mal pro Woche)
○ Nein, ich bin nicht bei Instagram angemeldet.

Abbildung 3: Item „Sind Sie bei Instagram angemeldet und wenn ja, wie häufig nutzen Sie es?"
(Eigene Darstellung).

Innerhalb dieses Items wurde ein Filter angewendet, der an dieser Stelle die Umfrage für diejenigen Personen beendete, die angaben, dass sie nicht bei Instagram angemeldet sind (Abbildung 4).

Teilnahmevoraussetzung nicht erfüllt

Sehr geehrte/r Teilnehmer/in,

vielen Dank, dass Sie sich die Zeit genommen haben, um an dem Fragebogen zu partizipieren. Weil die Teilnahme einen bestehenden Instagram-Account voraussetzt, muss die Umfrage an dieser Stelle leider beendet werden.

Abbildung 4: Ausschluss aus Umfrage bei nicht erfüllter Teilnahmevoraussetzung
(Eigene Darstellung).

Bei Angabe einer der anderen Antworten wurde die Umfrage fortgesetzt. Das fünfte und sechste Item zur Instagram-Nutzung beinhalten die Frage, wie viele Follower der Testdurchführende hat und wie viele Minuten dieser ungefähr in der vergangenen Woche pro Tag auf Instagram verbracht hat.

Die nächste Seite des Fragebogens widmet sich den 20 Items, die das Konstrukt des expliziten Selbstwertes erfassen. Dazu wurde die „State self-esteem scale" von Heatherton und Polivy (1991) verwendet. Innerhalb einer fünfstufigen Skala von *Überhaupt nicht zutreffend* bis *Extrem*, konnten die Probanden ihre Antworten angeben. Während sieben der 20 Items die Subdimension *Performance self-esteem* und sieben weitere *Social self-esteem* erfassen, sind sechs Items *Appearance self-esteem* zugehörig. Die *State self-esteem scale* weist eine angemessene interne Konsistenz auf ($\alpha = .92$) (Heatherton & Polivy, 1991). *Abbildung 5* zeigt beispielhaft je ein Item pro Subdimension.

	Überhaupt nicht zutreffend	Ein klein wenig	Schon etwas	Sehr	Extrem
Ich bin überzeugt von meinen Fähigkeiten.	●	●	●	●	●
Ich bin besorgt darüber, ob ich als erfolgreich oder erfolglos betrachtet werde.	○	○	○	○	○
Ich bin zufrieden damit, wie mein Körper in diesem Moment aussieht.	●	●	●	●	●

Abbildung 5: Exemplarische Items der Subdimensionen des expliziten Selbstwertes
(Eigene Darstellung).

Da sich das erste Item (Ich bin überzeugt von meinen Fähigkeiten.) auf Leistung bezieht, gehört es der untergeordneten Dimension Performance self-esteem an. Das zweite Item (Ich bin besorgt darüber, ob ich als erfolgreich oder erfolglos betrachtet werde.) ist Social self-esteem zugehörig, was sich in der formulierten Verunsicherung zur eigenen Person zeigt. Bei Betrachtung des dritten aufgeführten Items (Ich bin zufrieden damit, wie mein Körper in diesem Moment aussieht.) ist deutlich zu erkennen, dass sich dieses auf die Zufriedenheit mit dem äußeren Erscheinungsbild bezieht. Demnach ist dieses Item ein Beispiel für die Subdimension Appearance self-esteem.

Von den insgesamt 20 Items, die diesem Konstrukt angehören, sind 13 sog. *Reverse scored items*, was bedeutet, dass diese sich innerhalb ihrer Formulierung hinsichtlich der Ausrichtung (positiv oder negativ) von den anderen unterscheiden und somit vorab der Auswertung umcodiert werden müssen. Das zweite Item aus *Abbildung 5* stellt ein Beispiel hierfür dar (negativ ausgerichtete Formulierung).

Die nachfolgende Seite der Umfrage basiert auf dem bestehenden Fragebogen *Iowa-Netherlands Comparison Orientation Measure* (*INCOM*) (in seiner deutschen Fassung), welcher die Tendenz der Probanden misst, sich mit anderen Menschen zu vergleichen. Der der von Gibbons und Buunk (1999) entwickelte *INCOM*-Fragebogen wurde von Stapleton et al. (2017) so modifiziert, dass sich die Tendenz zu sozialen Vergleichen auf Instagram bezieht. Dazu wurde den jeweiligen Items der Terminus „Instagram" hinzugefügt. So entstand bspw. aus dem ursprünglichen Item: *Ich vergleiche häufig meine sozialen Fähigkeiten und meine Beliebtheit mit denen anderer Personen*, das Item: *Ich vergleiche häufig meine sozialen Fähigkeiten und meine Beliebtheit mit denen anderer Personen auf Instagram*. Nach Modifizierung weist der Fragebogen eine interne Konsistenz von $\alpha = .86$ auf. Die veränderte Version wurde für die Umfrage dieser Forschungsarbeit verwendet. Anhand einer fünf-stufigen Skala, die aus dem Englischen mit *Ich stimme gar nicht zu* bis *Ich stimme voll und ganz zu* übersetzt wurde, konnten die Probanden ihre Antworten angeben. Insgesamt erfragen 11 Items die Tendenz sich mit anderen Menschen auf Instagram zu vergleichen. Zwei dieser Items sind negativ formuliert und mussten im Hinblick auf die Datenauswertung umcodiert werden.

Der letzte Teil der Fragebogen-Studie umfasst fünf weitere Items. Diese messen das Nutzerempfinden darauf bezogen, inwieweit es einer Person wichtig ist, einen gewissen Eindruck durch die eigene digitale Präsentation zu vermitteln. Dazu wurde der *Instagram Usage, Behaviours, Attitudes and Affective Response Questionnaire* (*IUBARQ*) verwendet, der von Paramboukis und Wise entwickelt wurde (2016).

Allerdings lediglich der Teil des Fragebogens, der im Titel als *Attitudes* bezeichnet wird. Abgesehen von einem Item, das nach der Wichtigkeit einer gewissen Symmetrie beim Betrachten der Gesamtübersicht aller geteilten Beiträge fragt, erfragen die darin aufgeführten Items, den individuell empfundenen Stellenwert, als attraktiv oder intellektuell wahrgenommen zu werden. Bspw. lautet eines der Items: *Wie wichtig ist es Ihnen ein körperlich attraktiven Eindruck zu vermitteln* und ein weiteres: *Wie wichtig ist es ihnen als eine intellektuelle Person wahrgenommen zu werden.* Darüberhinaus misst ein Item, wie wichtig es einer Person ist „Likes" auf seine Posts zu erhalten. Die Probanden konnten anhand der fünf-stufigen Skala von *Überhaupt nicht wichtig* bis *Sehr wichtig* antworten.

Wie zu Beginn des Kapitels erwähnt, bietet das 42. Item den Testpersonen die Möglichkeit bei Interesse, durch Angabe der E-Mail-Adresse, die Ergebnisse der Studie zu erhalten.

3.3 Beschreibung der Stichprobe

Die Stichprobe besteht aus insgesamt 134 Probanden, von denen 38,1% (n=51) männlich und 61,9% (n=83) weiblich sind. Die Altersspanne der Testpersonen beträgt 48 Jahre. Der älteste Teilnehmer ist 64 Jahre alt, der jüngste dahingegen 16 Jahre. Das durchschnittliche Alter liegt bei 23,08 Jahren. Das von den Probanden am häufigsten angegebene Alter ist 22 Jahre.

Berufsstand

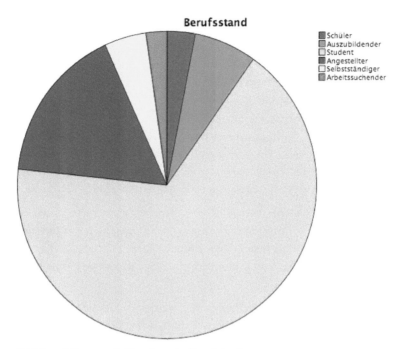

Abbildung 6: Prozentuale Verteilung des Berufsstandes
(Eigene Darstellung).

Mit 66,4% (n=89) stellen die *Studenten* die Mehrheit der Befragten dar, gefolgt von den 16,4% (n=22) der *Angestellten*. Während neun (6,7%) *Auszubildende* an der Umfrage teilnahmen, füllten auch sechs (4,5%) *Selbstständige* den Fragebogen aus. Bei 3% (n=4) handelt es sich um *Schüler*, bei weiteren 2,2% (n=3) um *Arbeitssuchende* (*Abbildung 6*).

112 (83,6%) der 134 Probanden gaben an, dass sie bei Instagram angemeldet sind und die Plattform fast jeden Tag nutzen. Lediglich eine Person (0,7%) gab an, dass sie nicht auf Instagram angemeldet ist und wurde infolgedessen aus der Umfrage ausgeschlossen. Im Hinblick auf die tägliche Nutzungsdauer (Minuten/Tag) ergab sich der Mittelwert von 98,89 Minuten. Die Zahl der Follower, also der Menschen, die einer Person auf Instagram folgen, variiert zwischen 4 (Minimum) und 2298 (Maximum). Im Durchschnitt haben die Befragten 366 Follower.

3.4 Auswertungsmethode

Der knapp zweiwöchigen Befragung nachfolgend wurden die mittels des Online-Tools *Sosci Survey* erfassten Daten in das Auswertungsprogramm *SPSS* importiert. Zur Auswertung der erhobenen Daten wurde die Statistik-Software *IBM SPSS Statistics Version 22* verwendet. Insgesamt konnten 134 gültige Fälle erfasst und somit der Analyse unterzogen werden. Mit dem Ziel der Schaffung einer geordneten Übersicht, wurden die insgesamt 41 Items zunächst dem jeweils übergeordneten Konstrukt zugehörig benannt. So trägt bspw. das erste Item innerhalb der 11, die die Tendenz zu sozialen Vergleichsprozessen auf Instagram (SV=Soziale Vergleichsprozesse) messen, den Namen SV01_01 (nachfolgend SV01_02 usw.).

Um sicherzustellen, dass die Korrelation verschiedener Items zu wahrheitsgetreuen Ergebnissen führt, wurde zu Beginn geprüft, welche der Items eine negativ formulierte Ausrichtung haben. Diese mussten vorab der Datenanalyse so umkodiert werden, dass alle Items in die gleiche Richtung kodiert und dementsprechend gleich gepolt sind.

Zur Prüfung der aufgestellten Hypothesen, wurden die für die Untersuchung relevanten Korrelationen berechnet. Dazu wurde die Pearson-Methode verwendet, da innerhalb der Verwendung von Skalen-Mittelwerten von einem Intervallskalenniveau ausgegangen werden kann. Als Faktor, der darüber entscheidet, ob eine Hypothese bestätigt oder verworfen wird, ist innerhalb der Korrelationsberechnung ein Signifikanzniveau von $\alpha = 0,05$ festgelegt. Gilt eine Korrelation als statistisch signifikant so liegt ein zugehöriger P-Wert von ≤ 0.05 vor.

Im Hinblick auf weitere Erkenntnisse standen neben der Betrachtung von Mittelwerten auch Minimal- und Maximal-Werte im Fokus. Außerdem wurde der T-Test für unabhängige Stichproben durchgeführt, um geschlechtsspezifische Mittelwerts-Unterschiede innerhalb der untersuchten Variablen festzustellen. Dazu wird innerhalb des Levene-Test anhand des Signifikanzniveaus des F-Werts geprüft, ob die Voraussetzung der Varianzhomogenität gegeben ist ($p > .05$). Ist dies der Fall, gilt es anschließend zu prüfen, ob der p-Wert des t-Werts unter dem Signifikanzniveau von $p < .05$ liegt. Ist auch dies gegeben, kann davon ausgegangen werden, dass die Mittelwertsdifferenzen der beiden Gruppen statistisch signifikant sind.

Die ausgewerteten Daten und die Bedeutung dieser werden in Kapitel 4 *Ergebnisse* detailliert erläutert.

4 Ergebnisse

4.1 Hypothesenprüfung und empirische Befunde

Zur Prüfung der vier aufgestellten Hypothesen werden im Folgenden die Ergebnisse der Untersuchung vorgestellt. Alle den Ergebnissen zugehörigen Tabellen, die dem Datenanalyse-Programm *SPSS* entnommen wurden, befinden sich im Anhang B „Ergebnistabellen".

Ziel dieser Arbeit ist es zu untersuchen, ob ein Zusammenhang zwischen sozialen Vergleichsprozessen auf Instagram und dem Selbstwert des Nutzers besteht.

Die *erste Hypothese* dient dem Zweck die Forschungsfrage dieser Arbeit zu beantworten und lautet „Zwischen dem expliziten Selbstwert und sozialen Vergleichsprozessen auf Instagram besteht ein negativ signifikanter Zusammenhang". Die nachfolgende *Abbildung 7* zeigt auf, dass sich diese Hypothese bestätigen lässt.

Korrelationen

		SV_GES_Durc hschnitt	SW_GES_Durc hschnitt
SV_GES_Durchsch nitt	Pearson–Korrelation	1	-,242**
	Sig. (2–seitig)		,006
	N	134	130
SW_GES_Durchsc hnitt	Pearson–Korrelation	-,242**	1
	Sig. (2–seitig)	,006	
	N	130	130

**. Korrelation ist bei Niveau 0,01 signifikant (zweiseitig).

Abbildung 7: Zusammenhang zwischen Tendenz zu sozialen Vergleichen auf Instagram und dem expliziten Selbstwert
(Eigene Darstellung).

Der Korrelationskoeffizient der Variablen *SV_GES_Durchschnitt* (durchschnittliche Tendenz zu sozialen Vergleichen auf Instagram) und *SW_GES_Durchschnitt* (durchschnittlicher expliziter Selbstwert) beträgt hier r = -.242. Dieses Ergebnis entspricht einem negativen Zusammenhang, der hochsignifikant ist (p = .006, zweiseitig). Die Nullhypothese kann demnach verworfen und demnach die Alternativhypothese angenommen werden.

Die *zweite Hypothese* lautet „Zwischen jeder der Subdimensionen des expliziten Selbstwertes und sozialen Vergleichsprozessen auf Instagram besteht ein negativ signifikanter Zusammenhang.". Diese Hypothese konnte nicht verifiziert werden.

Zwar zeigte sich sowohl für *Performance-* ($r = -.189$, $p = .032$, zweiseitig) als auch für *Social self-esteem* ($r = -.326$, $p = .000$, zweiseitig) ein signifikant negativer Zusammenhang. Allerdings konnte zwischen sozialen Vergleichen auf Instagram und *Appearance self-esteem* kein signifikanter Zusammenhang bestätigt werden ($p = .314$, zweiseitig), auch wenn sich eine negative Ausrichtung verzeichnen lässt ($r = -.088$). Da nur zwei der drei Subdimensionen negativ und signifikant mit sozialen Vergleichen auf Instagram korrelieren, muss die Alternativhypothese abgelehnt werden. Weil sie teilweise bestätigt werden konnte, kann auch die Nullhypothese nicht verifiziert werden. Die zugehörige Tabelle befindet sich im Anhang B „Tabelle B.1").

Hypothese 3 lautet „Appearance self-esteem und Social self-esteem haben zur Tendenz zu sozialen Vergleichen einen negativeren und signifikanten Zusammenhang als Performance self-esteem.". Auch diese Hypothese muss ihrer Prüfung nachfolgend verworfen werden. Diese Erkenntnis ergibt sich aus Betrachtung der Korrelationskoeffizienten von *Appearance-* ($r = -.088$, $p = .314$, zweiseitig) und *Performance self-esteem* ($r = -.189$, $p = .032$, zweiseitig) zu *SV_GES_Durchschnitt* (s. Abb. 7). Entgegen der in der Alternativhypothese formulierten Erwartung, besteht zwischen *Appearance self-esteem* und der Neigung sich auf Instagram zu vergleichen, ein positiverer (nicht signifikanter) Zusammenhang als zwischen *Performance self-esteem* und Vergleichstendenzen auf Instagram. Die Vermutung, dass *Social self-esteem* signifikant und negativer als *Appearance self-esteem* mit sozialen Vergleichsprozessen auf Instagram korreliert, konnte bestätigt werden. Die Alternativhypothese muss dennoch vorwerfen werden. Tabellarisch nachzuvollziehen sind diese Ergebnisse im Anhang B „Tabelle B.1".

Die *vierte Hypothese* wurde wie folgt formuliert: „Zwischen dem expliziten Selbstwert und der Nutzungsintensität von Instagram besteht ein negativ signifikanter Zusammenhang." Sowohl *NI01_01* (durchschnittliche Anzahl der Follower) als auch *NI02_01* (durchschnittliche Benutzung von Instagram in Minuten/Tag) weisen zu der Tendenz sich auf Instagram zu vergleichen, keinen statistisch signifikanten Zusammenhang auf. Hinsichtlich der Follower-Anzahl und der Neigung zu sozialen Vergleichen auf Instagram, ergab sich ein leicht negativer Zusammenhang ($r = -.015$), der als nicht signifikant zu betrachten ist ($p = .869$, zweiseitig). Auch innerhalb der Fokussierung auf den Zusammenhang zu der täglichen Nutzungsdauer der

Plattform, zeigte sich kein relevantes Ergebnis ($r = .018$, $p = .842$, zweiseitig). Weil sowohl *NI01_01* als auch *NI01_02* keinen signifikanten Zusammenhang zu sozialen Vergleichen auf Instagram aufweisen, wird die Alternativhypothese abgelehnt. Die Nullhypothese, die von keinem Zusammenhang der untersuchten Variablen ausgeht, kann demnach bestätigt werden. Diese Erkenntnisse sind des Weiteren aus der Tabelle im Anhang B „Tabelle B.2" abzuleiten.

4.2 Weitere Erkenntnisse

Des Weiteren wurde geprüft, ob zwischen der Nutzungsintensität (NI01_01 und NI01_02) und der Neigung zu Vergleichen auf Instagram (SV_GES_Durchschnitt) ein Zusammenhang besteht. Auch hierbei konnte sowohl hinsichtlich der Follower-Anzahl ($r = .064$, $p = .466$, zweiseitig) als auch der täglichen Nutzungsdauer ($r = -.068$, $p = .457$, zweiseitig) kein signifikanter Zusammenhang aufgewiesen werden. Daraus ergibt sich die Erkenntnis, dass weder zwischen der Nutzungsintensität und dem expliziten Selbstwert noch zur Tendenz sich auf Instagram zu vergleichen, ein signifikanter Zusammenhang besteht (siehe Anhang B „Tabelle B.3").

Es zeigte sich außerdem, dass die Probanden insgesamt betrachtet ein eher positiv ausgeprägtes explizites Selbstwertgefühl besitzen ($M = 3.84$, Standardabweichung $= .53$) und eher weniger dazu tendieren sich auf Instagram mit anderen Menschen zu vergleichen ($M = 1.97$, Standardabweichung $= .66$) (siehe Anhang B „Tabelle B.4).

Mittels des T-Tests für unabhängige Stichproben wurde geprüft, ob die Mittelwerte zum expliziten Selbstwertes, der Subdimensionen und zum sozialen Vergleich, in Abhängigkeit des Geschlechts signifikant voneinander abweichen. Innerhalb der genannten Variablen zeigte sich keine signifikante Abweichung aufgrund des Geschlechts. Lediglich zu dem Item NE01_02 („Wie wichtig ist es Ihnen als eine intellektuelle Person wahrgenommen zu werden?") zeigte sich eine signifikante Mittelwertsdifferenz ($p = .014$, zweiseitig) zwischen den männlichen und weiblichen Teilnehmern. Durchschnittlich haben die Frauen bei diesem Item, das mittels einer fünfstufigen Skala zu beantworten war, einen um $0,486$ höheren Wert angegeben (Anhang B „Tabelle B.5").

Ausgehend von den Items *NE01_01* („Wie wichtig ist es Ihnen ein körperlich attraktives Bild darzustellen?"), *NE01_02* („Wie wichtig ist es Ihnen als eine intellektuelle Person wahrgenommen zu werden?") und *NE01_04* („Wie wichtig ist es Ihnen Likes auf Ihre Posts zu bekommen") zeigten sich weitere signifikante

41

Zusammenhänge (Anhang B „Tabelle B.6"). Zwischen *NE01_01* und *NE01_02* liegt eine signifikante und positive Pearson-Korrelation von r = .351 vor (p = .000, zweiseitig). Der positiv lineare Zusammenhang zeigt die Tendenz auf, dass die Probanden, denen es wichtig ist ein körperlich attraktives Bild darzustellen, auch als intellektuell wahrgenommen werden möchten (oder andersrum). Auch zu *NE01_04* weist *NE01_01* einen signifikant positiven Zusammenhang auf (r = .423 , p = .000, zweiseitig). Daraus lässt sich ableiten, dass Testpersonen, denen das äußere Auftreten sehr wichtig ist, auch das Erhalten von „Likes" für ihre Beiträge als wichtig empfinden (oder andersrum). Während das Item *NE01_01* zu *Social self-esteem* (r = -.251 , p = .004, zweiseitig) einen signifikant negativen Zusammenhang aufweist, zeigt es einen signifikant positiven, zu der Tendenz sich auf Instagram zu vergleichen (r = .185 , p = .033, zweiseitig).

Auch hinsichtlich des Items *NE01_02* konnte der signifikant negative Zusammenhang zu *Social self-esteem* (r = -.291 , p = .001, zweiseitig) sowie zum (gesamten) expliziten Selbstwert (r = -.216 , p = .014, zweiseitig) errechnet werden.

Die Wichtigkeit „Likes" auf geteilte Beiträge zu erhalten (NE01_04), korrelierte signifikant positiv mit der Tendenz Vergleiche auf Instagram durchzuführen (r = .332 , p = .000, zweiseitig).

5 Diskussion

Besteht ein Zusammenhang zwischen sozialen Vergleichsprozessen auf Instagram und dem Selbstwert des Nutzers? Diese Frage zu beantworten stellt das Ziel dieser Arbeit dar. Dazu wurden insgesamt vier Hypothesen entwickelt und aufgestellt, deren Gültigkeit anhand der Datenanalyse geprüft wurden. Der Ergebnisprüfung nachfolgend, kann lediglich die erste Hypothese bestätigt werden kann. In diesem Kapitel werden die für die Untersuchung relevanten Ergebnisse diskutiert. Als Diskussionsgrundlage dienen, neben den erhobenen Daten, theoretische Hintergründe zur Thematik.

Die *erste Hypothese* dient dem Zweck die Forschungsfrage zu beantworten und beinhaltet die Vermutung, dass zwischen explizitem Selbstwert und sozialen Vergleichsprozessen auf Instagram ein signifikant negativer Zusammenhang besteht. Der Grund zur Annahme entspringt der theoretischen Auseinandersetzung.

Wie Zimbardo und Gerrig (2004) festhalten, ergibt sich der Selbstwert aus der Bewertung der Informationen, die in das Selbstkonzept einfließen. Und eine der Quellen, aus der Information für relevantes Selbstwissen erworben werden kann, stellen soziale Vergleichsprozesse zu ähnlichen anderen dar (Festinger, 1954). Ausgehend davon, dass Nutzer durch den Instagram-Algorithmus verstärkt Inhalte von ähnlichen Personen empfangen, wurde vermutet, dass die sozialen Vergleiche auf der Plattform zu dem expliziten Selbstwert einen statistisch signifikanten Zusammenhang aufweisen. Der Zusammenhang wurde innerhalb der ersten Hypothese als negativ formuliert. Diese Entscheidung fußt auf Ergebnissen der Facebook-Studie von Appel et al. (2018), innerhalb derer die Nutzungsintensität mit niedriger Klarheit des Selbstkonzeptes korrelierte. Sowie auf der Erkenntnis, dass sich bei Menschen, die ein weniger stark ausgeprägtes Selbstkonzept besitzen, auch ein niedrigerer Selbstwert verzeichnen lässt (Kuonath et al., 2016.). Mittels der Datenanalyse konnte die erste Hypothese bestätigt werden. Anhand des Korrelationskoeffizienten von $r = -.242$ zeigt sich ein deutlich negativer Zusammenhang, der hochsignifikant ist ($p = .006$). Da der Korrelationskoeffizient kein Indiz für die Richtung eines Zusammenhangs ist, wird keiner der untersuchten Variablen, der Faktor Ursache oder Wirkung zugeschrieben. Aus dem Ergebnis kann demnach abgeleitet werden, dass mit der steigenden Tendenz sich mit anderen auf Instagram zu vergleichen, der explizite Selbstwert sinkt. Letzteres kann ebenso als Ursache betrachtet werden. In diesem Fall lautet die Ableitung: Mit steigendem explizitem Selbstwert sinkt die Tendenz zu sozialen Vergleichen auf Instagram. Die Ausrichtung des Zusammenhangs zeigt sich auch im Hinblick auf die Probanden, die im

Durchschnitt einen eher hohen expliziten Selbstwert von M = 3.84 (Standardabweichung = .053) aufweisen, bei eher niedriger Tendenz sich auf Instagram zu vergleichen (M = 1.97 , Standardabweichung = .66). Es ist deutlich, dass die aus der Theorie abgeleiteten Vermutungen mit den Ergebnissen der Fragebogenstudie konform sind. Somit unterstützt das Ergebnis die Aussage, dass zwischen dem situativen Selbstwert und sozialen Vergleichen auf Instagram ein negativer Zusammenhang besteht.

Die Aussage, dass auch alle Subdimensionen des expliziten Selbstwertes (*Performance-, Appearance* und *Social self-esteem*) signifikant negativ mit sozialen Vergleichsprozessen korrelieren, stellt den Inhalt der *zweiten Hypothese* dar. Innerhalb der *dritten Hypothese* wurde zusätzlich formuliert, dass *Appearance-* und *Social self-esteem* signifikant und negativer, mit der Tendenz sich auf Instagram zu vergleichen, korrelieren als *Performance self-esteem*. Beide Hypothesen mussten ihrer statistischen Prüfung nachfolgend abgelehnt werden. Zwar zeigten sich, ausgehend von den sozialen Vergleichsprozessen auf Instagram, signifikant negative Korrelationen zu *Performance-* (r = -.189 , p = .032, zweiseitig) und *Social self-esteem* (r = -.326 , p = .000, zweiseitig). Zu *Appearance self-esteem* konnte allerdings kein signifikant negativer Zusammenhang festgestellt werden (r = -.088 , p = .314, zweiseitig). Es handelt sich hierbei um ein unerwartetes Resultat. Denn mit der Vermutung, dass innerhalb von Instagram stärker auf das Aussehen als auf Leistungen anderer geachtet wird, ging die Annahme einher, dass durch das Vergleichen mit anderen Nutzern die Subdimension *Appearance self-esteem* stärker als *Performance self-esteem* beeinflusst wird. Studien belegen außerdem, dass zwischen Vergleichen mit anderen Personen in sozialen Netzwerken und der Körperzufriedenheit, ein negativer Zusammenhang besteht (Mölbert, Hautzinger, Karnath, Zipfl & Giel, 2016; Haferkamp & Krämer, 2011). Weil bestehende Studien den negativen Zusammenhang belegen, stellt sich die Frage, wieso sich der Effekt nicht innerhalb der Untersuchung dieser Arbeit zeigt. Eine mögliche Erklärung basiert darauf, dass Menschen mit dem Ziel einen hohen Selbstwert zu empfinden, sich bewusst und unbewusst verschiedener Strategien bedienen (siehe Kapitel 2.2.4 *Selbstwertdienliche Prozesse*) (Kessler & Fritsche, 2018). So ist nicht auszuschließen, dass angegebene Antworten durch die Orientierung an sozialer Erwünschtheit verzerrt wurden. Das bedeutet, dass Probanden dazu neigen, eher eine Antwort abzugeben, bei der davon ausgegangen wird, dass sie mehrheitlich gesellschaftliche Zustimmung findet. Wird die wahre Antworttendenz mit dem Gefühl der gesellschaftlichen Ablehnung verknüpft, kann das diesen Effekt verstärken (Reinecke, 1991). Das hängt

damit zusammen, dass sozialer Anschluss die Grundlage eines positiv ausgeprägten Selbstwertes darstellt (Denissen et al., 2008). Außerdem geht die positive Bewertung des Selbst mit erhöhter psychischer Gesundheit einher (Taylor & Brown,
1988). Es könnte demnach sein, dass die Probanden hinsichtlich der Ausprägung
von *Appearance self-esteem,* positiv verzerrte Werte angegeben haben (M = 3.59 ,
Standardabweichung = .68).

Dahingegen ließ sich mittels der Datenanalyse die Annahme bestärken, dass mit
steigender Tendenz sich mit anderen auf Instagram zu vergleichen, die Ausprägung
von *Social self-esteem* und *Performance self-esteem* sinkt. Oder, dass sich die Ausprägung bei sinkender Vergleichstendenz erhöht. Unabhängig von der Ausrichtung
von Ursache und Wirkung, ist festzustellen, dass sowohl die Selbstsicherheit in sozialen Situationen als auch die Bewertung eigener Leistungen unter der erhöhten
Neigung sich auf der Plattform zu vergleichen, negativ beeinflusst wird.

Innerhalb der vierten Hypothese konnte kein statistisch signifikanter Zusammenhang zwischen der Nutzungsintensität und dem expliziten Selbstwert bestätigt
werden. Wie in Kapitel 4.2 *Weitere Erkenntnisse* beschrieben wurde, zeigte sich
auch zwischen der Nutzungsintensität und Tendenz zu sozialen Vergleichen auf Instagram keine signifikante Korrelation. Auch hierbei handelt es sich um ein unerwartetes Ergebnis. Denn mit steigender Nutzung des sozialen Netzwerkes und der
somit größeren Menge an empfangenen Inhalten anderer, wäre es zu erwarten,
dass auch die Intensität des Vergleichens steigt. Und weil die Tendenz zu Vergleichen auf Instagram signifikant negativ mit dem expliziten Selbstwert korreliert (r
= -.242 , p = .006, zweiseitig), wäre davon auszugehen, dass sich die Nutzungsintensität auch auf den expliziten Selbstwert auswirkt. Somit bestätigt dieses Ergebnis die Annahme von Stapleton et al. (2017), dass nicht die Nutzungsintensität, sondern die individuelle Neigung sich mit anderen auf Instagram zu vergleichen, ausschlaggebend für die Auswirkungen auf den Selbstwert sind. Der Einfluss der Nutzungsdauer auf die genannten Variablen sollte dennoch in weiteren Forschungen
untersucht werden.

Die innerhalb des Kapitels 4.2 *Weitere Erkenntnisse* genannten Items *NE01_01,
NE01_02* und *NE01_04,* zeigen sowohl untereinander als auch zu untersuchten
Konstrukten weitere signifikante Zusammenhänge auf, die diskutiert werden können. Für die Probanden, denen es wichtig ist, mittels digitalen Selbstdarstellungen
als intellektuell wahrgenommen zu werden (NE01_02), zeigte sich ein geringer
ausgeprägter expliziter Selbstwert (r = -.216 , p = .014, zweiseitig) und vor allem
geringere Selbstsicherheit innerhalb von sozialen Interaktionen (r = -.291 , p =

.001, zweiseitig). Diese Personen tendieren auch dazu es wichtig zu finden, in Instagram als körperlich attraktiv wahrgenommen zu werden (r = .351 , p = .000, zweiseitig). Dieses Bestreben wirkt sich ebenfalls negativ auf die soziale Selbstsicherheit (r = -.251 , p = .004, zweiseitig) und positiv auf die Neigung zu Vergleichen in Instagram aus (r = .185 , p = .003, zweiseitig). Mit dem Wunsch ein körperlich attraktives Bild zu vermitteln, geht außerdem die Wichtigkeit zu dem Erhalt von „Likes" einher (r = .423 , p = .000, zweiseitig), was ebenfalls signifikant positiv mit sozialen Vergleichsprozessen auf Instagram korreliert (r = .332 , p = .000, zweiseitig). Bei Betrachtung des positiv signifikanten Zusammenhangs zwischen dem Wunsch als intellektuell und jenem, als körperlich attraktiv wahrgenommen zu werden (r = .351 , p = .000, zweiseitig), wird deutlich, dass sich alle genannten Variablen direkt und indirekt gegenseitig beeinflussen. Das Bedürfnis eine attraktive und/oder intellektuelle Person darzustellen und die auf das Empfangen von „Likes" gerichtete Aufmerksamkeit, führen verstärktes Vergleichen auf der Plattform mit sich, was sich negativ auf den expliziten Selbstwert auswirkt.

Der Ergebnisanalyse anschließend ist festzuhalten, dass der explizite Selbstwert durch eine Vielzahl von Variablen innerhalb der sozialen Vergleichsprozesse auf Instagram beeinflusst wird. Dies ist konform mit seiner Definition eines situationsabhängigen und variierenden Konstruktes (Rosenberg et al., 1995). Inwiefern dieses auf den impliziten Selbstwert wirkt, hängt sowohl von der empfundenen Relevanz der betroffenen Subdimension ab als auch von der Häufigkeit sowie dem Stellenwert von Situationen, die auf diesen Bereich wirken (siehe Kapitel 2.2.2.1 *Impliziter und expliziter Selbstwert*). Fakt ist, dass es sich auf den impliziten Selbstwert auswirken kann. Und für ein Konstrukt, das einen nachgewiesenen Einfluss auf das Wohlempfinden (Baumeister et al., 2003), akademische Leistungen (Marsh, 1990) sowie auf persönliche und soziale Verhaltensweisen hat (Zimbardo & Gerrig, 2004), kann die Einwirkung dieser Einflüsse ausschlaggebende Konsequenzen mit sich führen.

Diese Arbeit zeigt somit auf, dass Auseinandersetzungen mit Plattformen wie Instagram, hinsichtlich ihrer sozialpsychologischen Wirkung, nicht zu unterschätzen sind. Mit dem Ziel neue Erkenntnisse zu generieren und bestehende gegebenenfalls anzuzweifeln, ist es deshalb von hohem Stellenwert weitere Forschungen zu dieser Thematik durchzuführen.

5.1 Kritik

Dieses Kapitel widmet sich der kritischen Betrachtung dieser Arbeit.

Im Hinblick auf den zur Untersuchung angewandten Fragebogen, wird zunächst auf die Haupt-Gütekriterien eingegangen. Weil es sich bei den drei bestehenden Fragebogen, die in die Umfrage integriert wurden, um standardisierte handelt, ist eine Objektivität vorausgesetzt. Demnach würden verschiedene Forscher hinsichtlich der Durchführung, Datenauswertung sowie Interpretation dieser, zum gleichen Ergebnis gelangen. Auch die Reliabilität wurde vorab der Nutzung geprüft. Diesbezüglich lassen die jeweiligen Werte der Fragebogen zur internen Konsistenz auf ein angemessenes Niveau schliessen (siehe Kapitel 3.2 *Beschreibung des Fragebogens*). Weil die Items aus dem Englischen ins Deutsche übersetzt wurden, besteht allerdings ein geringes Risiko, dass die Werte zur Reliabilität von denen der Original-Fassung abweichen.

In Bezug auf die Forschungsergebnisse ist es wichtig festzuhalten, dass sich anhand des Korrelationskoeffizienten (r), ausschließlich Erkenntnisse zu Zusammenhängen und nicht zu Kausalitäten ableiten lassen. Innerhalb der Interpretation eines Ergebnisses, kann eine Richtungsweise zwischen Ursache und Wirkung vermutet werden, diese kann jedoch nicht verifiziert werden.

Innerhalb der Ergebnisinterpretation muss bedacht werden, dass der explizite Selbstwert untersucht wurde. Es können folglich Annahmen darüber getroffen werden, inwiefern sich die gezeigten Effekte auf den impliziten, bereichsunabhängigen und langfristigen Selbstwert auswirken.

Es darf zudem nicht außer Acht gelassen werden, dass erhobene Daten durch die Zusammensetzung der Stichprobe beeinflusst werden können. In diesem Zusammenhang gilt es anzumerken, dass 89 der 134 Testpersonen Studenten sind, was einem Anteil von 66,4% entspricht. Für eine repräsentativere Studie sollte auf eine größere und homogenere Stichprobe abgezielt werden.

6 Fazit und Ausblick

Die vorliegende Arbeit widmete sich der sozialpsychologischen Untersuchung des Zusammenhangs zwischen sozialen Vergleichsprozessen auf Instagram und dem Selbstwert des Nutzers. Im theoretischen Teil wurde erläutert, welche Bedürfnisse das menschliche Wesen von Grund auf begleiten und wie Wettbewerber in digitalen Welten mittels gezielter Reizauslösung beabsichtigen, diese zu befriedigen. Dem nachfolgend wurde erklärt, worum es sich bei dem Selbst eines Menschen handelt und aus welchen unterschiedlichen Quellen sich das Konzept zur eigenen Person zusammensetzt. Es wurde zudem deutlich, dass sich der Selbstwert in direkter Abhängigkeit des Selbstkonzeptes bildet. Die Unterscheidung in den impliziten und expliziten Selbstwert sowie die Beschreibung verschiedener Strategien zur Selbstwertwahrung, ermöglichte das Aufzeigen eines facettenreichen Konstruktes. Weil das Selbstkonzept und das Selbstwertgefühl in Wechselwirkung mit der Darstellung des Selbst stehen, wurde zusätzlich die Funktionsweise dieses Konstruktes beschrieben. Als elementarer Bestandteil von sozialen Netzwerken, erfolgte der Selbstdarstellung anschließend, die Überleitung auf das soziale Netzwerk Instagram. Im Hinblick auf die Forschungsfrage dieser Arbeit, richtete sich der Fokus hierbei auf die Möglichkeiten des sozialen Vergleichs, welche die Plattform bietet. Während der methodische Teil dem Zweck diente, die Vorgangsweise und Beschreibung der empirischen Untersuchung aufzuzeigen, wurden im nachfolgenden Kapitel die wichtigsten Ergebnisse beleuchtet und im Hinblick auf die Forschungsfrage und weitere Erkenntnisse geprüft. Die Forschungsfrage konnte dem nachfolgend beantwortet werden. Zwischen sozialen Vergleichsprozessen auf Instagram und dem expliziten Selbstwert des Nutzers besteht ein Zusammenhang, der signifikant negativ ist. Diese Arbeit dient der thematischen Auseinandersetzung und stellt die Grundlage dazu, weitere Untersuchungen durchzuführen. Besonders hinsichtlich der Subdimension des expliziten Selbstwertes *Appearance self-esteem,* gilt es weitere Forschungen anzustellen. Es konnte kein statistisch signifikanter Zusammenhang zu der Tendenz sich auf Instagram zu vergleichen festgestellt werden. Dies stellt ein Ergebnis dar, das durch die Berücksichtigung bisheriger Studienergebnisse, nicht zu erwarten war. Es sollte demnach weiterhin erforscht werden, ob die Intensität des Vergleichens auf Plattformen wie Instagram, denjenigen Bereich des expliziten Selbstwertes beeinflusst, der sich auf die äußere Erscheinung stützt.

Hinsichtlich des Geschlechts zeigten sich nahezu keine relevanten Unterschiede. Auch diesbezüglich sind neue Forschungsergebnisse erstrebenswert. Ein Blick auf die stetig wachsenden Nutzerzahlen von sozialen Netzwerken genügt, um die Annahme aufzustellen, dass sich soziale Interaktionen zukünftig zunehmend in digitale Welten verlagern. Allein diese Vermutung begründet die Dringlichkeit, weitere thematische Untersuchungen anzustellen. Aus der Vermittlung von wissenschaftlichen Erkenntnissen zum Selbstwert, als ein Konstrukt, das maßgeblich mit dem Wohlempfinden eines Menschen zusammenhängt, können ausschlaggebende Anregungen abgeleitet werden. Besonders in Verbindung mit Instagram und der nachgewiesenen Wirkung sozialer Vergleichsprozesse, könnten Motivationen entstehen das bisherige Nutzerverhalten zu überdenken, mit dem Ziel einen stabileren und moderat positiven Selbstwert zu erlangen.

Literaturverzeichnis

Aelkar, L. (2016). Uses-and-Gratifications-Ansatz. In N. C. Krämer, S. Schwan, D. Unz & M. Suckfüll (Hrsg.), Medienpsychologie: Schlüsselbegriffe und Konzep- te. 2., überarbeitete und erweiterte Auflage. (S. 303-309). Stuttgart: Kohlhammer.

Allport, G. W. (1954). The nature of prejudice. Boston: Addison-Wesley. Alter, A., & Pauli, S. (2018). Unwiderstehlich. Berlin: Berlin Verlag.

Appel, M., Schreiner, C., Weber, S., Mara, M., & Gnambs, T. (2018). Intensity of Facebook use is associated with lower self-concept clarity: Cross-sectional and longitudinal evidence. Journal of media psychology, 30(3), 160-172. Göttin- gen: Hogrefe.

Bargh, J. A., & McKenna, K. Y. A. (2004). The Internet and Social Life. Annual Review of Psychology, 55, 573-590. Palo Alto: Annual Reviews INC.

Baumeister, R. F., Campbell, J. D., Krueger, J. I., & Vohs, K.D. (2003). Does high self-esteem cause better performance, interpersonal success, happiness, or healthier lifestyles. Psychological Science in the Public Interest, 4(1), 1-44. doi: 10.1111/1529-1006.01431

Bem, D. J. (1972). Constructing cross-situational consistencies in behavior: Some thoughts on Alker's critique of Mischel. Journal of Personality, 40(1), 17-26. ISSN: 0022-3506

Berlyne, D. E. (1971). Aethetics and Psychobiology. New York: Appleton-Century- Crofts.

Cooley, C. H. (1902). Human nature and the social order. New York: Charles Scrib- ner's Sons.

Cramer, E. M., Song, H., & Drent, A. M. (2016). Social comparison on Facebook: Motivation, affective consequences, self-esteem, and Facebook fatigue. Com- puters in Human Behavior, 64, 739-746. New York: Elsevier.

Denissen, J. J. A., Schmitt, D. P., Penke, L., & Van Aken, M. A. G. (2008). Self-esteem reactions to social interactions: Evidence for sociometer mechanisms across days, people, and nations. Journal of Personality and Social Psychology, 95(1), 181-196. ISSN: 0022-3514.

Deppe, R. K., & Harackiewicz, J. M. (1996). Self-handicapping and intrinsic motivation: Buffering intrinsic motivation from the threat of failure. Journal of Personality and Social Psychology, 70(4), 868-876. doi: 10.1037/0022-3514.70.4.868

Digital pioniers. (2018). So funktioniert der Instagram-Algorithmus. Verfügbar unter https://t3n.de/news/instagram-algorithmus-1084642/ [26.11.2018]

Dunning, D., & Hayes, A. F. (1996). Evidence for Egocentric Comparison in Social Judgment. Journal of Personality and Social Psychology, 71, 213-229. Wa- shington: American Psychological Association.

Dunning, D., & Kruger, J. (1999). Unskilled and Unaware of it: How Difficulties in Recognizing One's Own Incompetence Lead to inflated Self-Assessments. Journal of Personality and Social Psychology, 77(6), 1121-1134. Washington: Ame- rican Psychological Association.

Duval, S., & Wicklund, R. A. (1972). A theory of objective self awareness. New York: Academic Press.

Ebersbach, A., Glaser, M., & Heigl, R. (2016). Social Web. 3., überarbeitete Auflage. Konstanz: UVK.

Feinstein, B. A., Hershenberg, R., Bhatia, V., Latack, J. A., Meuwly, N., & Davila, (2013). Negative social comparison on Facebook and depressive symptoms: Rumination as a mechanism. Psychology of Popular Media Culture, 2(3), 161-170. doi: 10.1037/a0033111

Festinger, L. (1954). A theory of social comparison processes. Human Relations, 7(2), 117-140. doi: 10.1177/001872675400700202

Frey, D. (Hrsg.), Baldwin, M. W., & Crott, H. W. (1984). Theorien der Sozialpsycho- logie. Bern: Huber.

Gibbons, F. X., & Buunk, B. P. (1999). Individual Differences in Social Comparison: Deve- lopment of a Scale of Social Comparison Orientation. Journal of Personality and Social Psychology, 76(1), 129–142. Washington: American Psy- chological Association.

Haferkamp, M., & Krämer, N. C. (2011). Social Comparison 2.0: Examing the Effects of Online Profiles on Social-Networking Sites. Cyberpsychology, Behavior, and Social Networking, 14(5), 309-314. doi: 10.1089/cyber.2010.0120

Heatherton, T. F., & Polivy, J. (1991). Development and validation of a scale for measuring state self- esteem. Journal of Personality and Social Psychology, 60, 895-910. Washington: American Psychological Association.

Higgins, E. T. (1998). Promotion and prevention: Regulatory focus as a motivational principle. In M. P. Zanna (Ed.), Advances in experimental social psycholo- gy, 30, 1-46. New York: Academic Press.

Higgins, E. T., Bond, R. N., Klein, R., & Strauman, T. (1986). Selfdiscrepancies and emotional vulnerability: How magnitude, accessibility, and type of discrepancy influence affect. Journal of Personality and Social Psychology, 51(1), 5-15. Washington: American Psychological Association.

Higgins, E. T., Klein, R., & Strauman, T. (1987). Self-discrepancies: Distinguishing among self-states, self-state conflicts, and emotional vulnerabilities. In M. Yardley & T. M. Honess (Eds.), Self and identity: Psychosocialperspectives, 173-186. New York: Wiley & Sons.

Horizont. (2018). Anzahl der Nutzer von Facebook und Instagram in Deutschland im Jahr 2017 (in Millionen). In Statista - Das Statistik-Portal. Verfügbar unter https://de.statista.com/statistik/daten/studie/503046/umfrage/an- zahl-der-nutzer-von-facebook-und-instagram-in-deutschland/ [04.11.2018]

James, W. (1890). The principles of psychology. New York: H. Holt.

Jonas, K., Stroebe, W., & Hewstone, M. (2014). Sozialpsychologie. 6., vollständig überarbeitete Auflage. Heidelberg: Springer.

Kanning, U. P. (2000). Selbstwertmanagement: die Psychologie des selbstwertdienli- chen Verhaltens. Göttingen: Hogrefe.

Kessler, T., & Fritsche, I. (2018). Sozialpsychologie. Wiesbaden: Springer Fachme- dien. doi: 10.1007/978-3-531-93436-5

Kobilke, K. (2016). Erfolgreich mit Instagram: mehr Aufmerksamkeit mit Fotos & Vi- deos. 2. Auflage. Frechen: mitp.

Krämer, N. C., & Szczuka, J. M. (2016). Soziale Vergleichsprozesse. In N. C. Krämer, S. Schwan, D. Unz & M. Suckfüll (Hrsg.), Medienpsychologie: Schlüsselbegriffe und Konzepte. 2., überarbeitete und erweiterte Auflage. (S. 303-309). Stuttgart: Kohlhammer.

Krotz, F., Despotović, C., & Kruse, M.-M. (Hrsg.). (2014). Die Mediatisierung sozialer Welten: Synergien empirischer Forschung. Wiesbaden: Springer Fachmedi- en.

Kuiper, N. A., & MacDonald, M. R. (1982). Self and Other Perception in Mild Depressives. Social Cognition, 1(3), 223-239. doi: 10.1521/soco.1982.1.3.223

Kuonath, A., Frey, D., & Schmidt-Huber, M. (2016). Selbstwert. In H.-W. Bierhoff & D. Frey (Hrsg.), Selbst und soziale Kognition (S.213-232). Göttingen: Hogrefe.

Leary, M. R., & Hastorf, A. H. (1996). Self-presentation: Impression management and interpersonal behavior. Contemporary psychology, 41(11), 1105-1106. Boul- der: Westview Press.

Leary, M. R., & Kowalski, R. M. (1990). Impression Management: A Literature Review and Two-Component Model. Psychological Bulletin, 107(1), 34-47. Wa- shington: American Psychological Association.

Leary, M. R., & Tangney, J. P. (2003). Handbook of self and identity. New York: Guilford Press.

Lewinsohn, P. M., Mischel, W., Chaplin, W., & Barton, R. (1980). Social competence and depression: The role of illusory self-perceptions. Journal of Abnor- mal Psychology, 89(2), 203-212. doi: 10.1037/0021-843X.89.2.203

Lück, H. E. (2016). Geschichte der Sozialpsychologie. In H.-W. Bierhoff & D. Frey (Hrsg.), Selbst und soziale Kognition (S. 24-47). Göttingen: Hogrefe.

Marsh, H. W. (1990). Causal ordering of academic self-concept and academic achievement: A multiwave, longitudinal panel analysis. Journal of Educational Psychology, 82(4), 646-656. Washington: American Psychological Association.

Meyer, W.-U., & Plöger, F.-O. (1979). Scheinbar paradoxe Wirkungen von Lob und Tadel auf die wahrgenommene eigene Begabung. In S.-H. Filipp (Hrsg.), Selbstkonzept-Forschung: Probleme, Befunde, Perspektiven (S. 221-235). Stuttgart: Klett.

Mölbert, S. C., Hautzinger, M., Karnath, H.-O., Zipfl, S., & Giel, K. E. (2016). Va- lidierung der deutschsprachigen Version der Physical Appearance Compari- son Scale (PACS): Psychometrische Eigenschaften und Zusammenhang mit Essverhalten, Körperbild und Selbstwert. Psychotherapie, Psychosomatik, Medi- zinische Psychologie 2017, 67(2), 91-97. doi: 10.1055/s-0042-123842

Montag, C. (2018). Homo Digitalis: Smartphones, soziale Netzwerke und das Gehirn. Wiesbaden: Springer Fachmedien.

Mummendey, H. D. (1995). Psychologie der Selbstdarstellung. 2., überarbeitete und erweiterte Auflage. Göttingen: Hogrefe.

Mussweiler, T. (2006). Sozialer Vergleich. In D. Frey & W. Bierhoff (Hrsg.), Handbuch Sozialpsychologie und Kommunikationspsychologie (S. 103-112). Göttingen: Hogrefe.

Orth, U., & Robbins, R. W. (2014). The development of self-esteem. Current Directions in Psychological Science, 23(5), 381-387. doi: 10.1177/0963721414547414

Paramboukis, O., Skues, J., & Wise, L. (2016) An Exploratory Study of the Relationships between Narcissism, Self-Esteem and Instagram Use. Social Networ- king, 5(2), 82-92. doi: 10.4236/sn.2016.52009

Petersen, L.-E., Stahlberg, D., & Frey, D. (2006). Selbstwertgefühl. In D. Frey & W. Bierhoff (Hrsg.), Handbuch Sozialpsychologie und Kommunikationspsychologie (S. 40-48). Göttingen: Hogrefe.

Pittman, T. S., & Zeigler, K. R. (2007). Basic human needs. In A. W. Kruglanski & E. T. Higgins (Eds.), Social psychology: Handbook of basic principles (S. 473-489). New York: Guilford Press.

Reinecke, J. (1991). Interviewereffekte und soziale Erwünschtheit: Theorie, Mo- dell und empirische Ergebnisse. Journal für Sozialforschung, 31(3), 293-320.

Renner, K-H. (2011). Selbstdarstellung und Persönlichkeit: Ergebnisse eines anwendungsorientierten Forschungsprogramms. Report Psychologie, 36, 260. Leibniz: ZPID.

Rheinberg, F. (2004). Motivation. 5., überarbeitete und erweiterte Auflage. Stutt- gart: Kohlhammer.

Rising Media Ltd. A. (2018). Nutzerzahlen: Facebook, Instagram, Messenger und WhatsApp, Highlights, Umsätze, uvm. (Stand November 2018). Verfügbar unter https://allfacebook.de/toll/state-of-facebook [05.12.2018]

Rising Media Ltd. B. (2018). Der Instagram Algorithmus im Detail: Die Faktoren für die organische Reichweite im Überblick. Verfügbar unter https://allfacebook.- de/instagram/algorithmus [05.12.2018]

Rosenberg, M., Schooler, C., Schoenbach, C., & Rosenberg, F. (1995). Global Self-Esteem and Specific Self-Esteem: Different Concepts, Different Outcomes. American Sociological Review, 60 (1), 141-156. Washington: American Sociolo- gical Association.

Rüdiger, M., & Schütz, A. (2016). Selbstdarstellung. In H.-W. Bierhoff & D. Frey (Hrsg.), Selbst und soziale Kognition (S. 195-205). Göttingen: Hogrefe.

Schoenaker, T. (2006). Das Leben selbst gestalten: Mut zur Unvollkommenheit. Bo- cholt: RDI-Verlag.

Schütz, A. (2003). Psychologie des Selbstwertgefühls : von Selbstakzeptanz bis Arro- ganz. 2., aktualisierte Auflage. Stuttgart: Kohlhammer.

Schwarz, N. (1987). Stimmung als Information: Untersuchung zum Einfluß von Stimmungen auf die Bewertung des eigenen Lebens. Berlin: Springer.

Staemmler, F.-M. (2015). Das dialogische Selbst: postmodernes Menschenbild und psychotherapeutische Praxis. Stuttgart: Schattauer.

Stahlberg, D., Osnabrügge, G., & Frey, D. (1985). Die Theorie des Selbstwert-schutzes und der Selbstwerterhöhung. In D. Frey & M. Irle (Hrsg.), Theo-rien der Sozialpsychologie. Bern: Huber.

Stapleton, P., Luiz, G., & Chatwin, H. (2017). Generation Validation: The Role of Social Comparison in Use of Instagram Among Emerging Adults. Psycho-logy, Behavior, and Social Networking, 20(3), 142-149. doi: 10.1089/cy-ber.2016.0444

Strauß, B. (Hrsg.), & Bade, U. (2002). Klinische Bindungsforschung: Theorien - Me- thoden - Ergebnisse. Stuttgart: Schattauer.

Suls, J., Gastorf, J., & Lawhon, J. (1978). Social comparison choices for evaluating a sex- and age-related ability. Personality and Social Psychology Bulletin, 4(1), 102-105. doi: 10.1177/014616727800400121

Taylor, S. E., & Brown, J. D. (1988). Illusion and Well-Being: A Social Psychological Perspective on Mental Health. Psychological Bulletin, 103(2), 193-210. Wa- shington: American Psychological Association.

TeleCrunsh. (2018). Anzahl der monatlich aktiven Instagram Nutzer weltweit in ausgewählten Monaten von Januar 2013 bis Juni 2018 (in Millionen). In Statis- ta - Das Statistik-Portal. Verfügbar unter https://de.sta-tista.com/statistik/da- ten/studie/300347/umfrage/monatlich-aktive-nutzer-mau-von-instagram- weltweit/ [04.11.2018]

Traut-Mattausch, E., Petersen, L.-E., Wesche, J. S., & Frey, D. (2011). Selbst. In H.-W. Bierhoff & D. Frey (Hrsg.), Sozialpsychologie - Individuum und soziale Welt (S. 19-35). Göttingen: Hogrefe.

Vester, H.-G. (2009). Kompendium der Soziologie I: Grundbegriffe. Wiesbaden: VS Verlag für Sozialwissenschaften.

Vivienne, S. (2016). Digital identity and everyday activism: sharing private stories with networked publics. London: Palgrave Macmillan.

Vogel, E. A., Rose, J. P., Roberts, L. R., & Eckles, K. (2014). Social Comparison, Social Media, and Self-Esteem. Psychology of Popular Media Culture, 3(4), 206-222. doi: 10.1037/ppm0000047

We are Social (2018). Anzahl der Instagram-Nutzer nach Altersgruppen und Geschlecht weltweit im Januar 2018 (in Millionen). In Statista - Das Statistik- Portal. Verfügbar unter https://de.statista.com/statistik/daten/studie/ 809703/umfrage/instagram-nutzer-nach-alter-und-geschlecht-welt-weit/ [04.11.2018]

Wills, T. A. (1981). Downward comparison principles in social psychology. Psychological Bulletin, 90(2), 245-271. ISSN: 0033-2909.

Yang, C. (2016). Instagram Use, Loneliness, and Social Comparison Orientation: Interact and Browse on Social Media, But Don't Compare. Cyberpsychologie, Behavior, and Social Networking, 19(12), 703-708. doi: 10.1089/cyber.2016.0201

Zimbardo, P. G., & Gerrig, R. J. (2004). Psychologie. 16., aktualisierte Auflage. Mün- chen: Pearson Studium.

Anhang

Anhang A: Fragebogen

Liebe/r Teilnehmer/innen,

vielen Dank, dass Sie sich die Zeit nehmen, um an dieser Fragebogen-Studie teilzunehmen. Die Untersuchung fokussiert soziale Vergleichsprozesse auf Instagram und stellt einen Bestandteil meiner Bachelor-Arbeit im Studiengang Medien- und Wirtschaftspsychologie dar.

Die Beantwortung der Fragen wird etwa 5 Minuten in Anspruch nehmen.

Selbstverständlich werden alle von Ihnen angegebenen Antworten anonym und streng vertraulich behandelt. Es geht nicht darum, dass Sie richtige oder falsche Antworten geben, sondern um die möglichst genaue und ehrliche Einschätzung zu Ihrer eigenen Person.

Sollten Sie den Fragebogen mit dem Smartphone ausfüllen, verwenden Sie bitte das Querformat, damit alle Fragen und Antwortmöglichkeiten vollständig abgebildet werden.

Falls Sie Interesse an den Ergebnissen dieser Studie haben, nutzen Sie die Möglichkeit und tragen Sie Ihre E-Mail-Adresse am Ende des Fragebogens ein.

Nick Feldmann

1. Welches Geschlecht haben Sie?

- Weiblich
- Männlich
- Andere

2. Wie alt sind Sie?

Ich bin ____ Jahre alt.

3. Was ist Ihr Berufsstand?

- Schüler/in
- Auszubildende/r
- Student/in
- Angestellte/r
- Selbstständige/r
- Arbeitssuchende/r
- Rentner/in

4. Sind Sie bei Instagram angemeldet und wenn ja, wie häufig nutzen Sie es?

- Ja, ich bin bei Instagram angemeldet und nutze es fast jeden Tag.
- Ja, ich bin bei Instagram angemeldet und nutze es regelmäßig (mindestens 3 Mal pro Woche).
- Ja, ich bin bei Instagram angemeldet, aber nutze es unregelmäßig (weniger als 3 Mal pro Woche).
- Nein, ich bin nicht bei Instagram angemeldet.

5. Wie viele Follower haben Sie ungefähr auf Instagram?

> Instagram Follower

6. Wie viele Minuten haben Sie ungefähr in der vergangenen Woche pro Tag auf Instagram verbracht?

> Minuten

7. Die nachfolgenden Aussagen wurden entwickelt, um zu messen, welche Einschätzungen Sie momentan sich selbst gegenüber haben. Es gibt selbstverständlich zu keiner der Aussagen eine richtige Antwort. Die beste Antwort ist diejenige, die Sie zu diesem Zeitpunkt als am zutreffendsten ansehen. Bewerten Sie alle Aussagen, auch wenn Sie sich nicht sicher sind, welche die zutreffendste Antwort ist.

Bitte beachten Sie, dass Sie die Aussagen hinsichtlich dessen bewerten, wie zutreffend sie IM JETZIGEN AUGENBLICK auf Sie sind.

	Überhaupt nicht zutreffend	Ein klein wenig	Schon etwas	Sehr	Extrem
Ich bin überzeugt von meinen Fähigkeiten.	O	O	O	O	O
Ich bin besorgt darüber, ob ich als erfolgreich oder erfolglos betrachtet werde.	O	O	O	O	O
Ich bin zufrieden damit, wie mein Körper in diesem Moment aussieht.	O	O	O	O	O
Ich bin frustriert oder verunsichert über meine Leistung.	O	O	O	O	O
Ich denke, dass ich Schwierigkeiten habe Dinge zu verstehen, die ich lese.	O	O	O	O	O
Ich denke, dass andere mich respektieren und bewundern.	O	O	O	O	O
Ich bin unzufrieden mit meinem aktuellen Gewicht.	O	O	O	O	O
Ich fühle mich unsicher.	O	O	O	O	O
Ich fühle mich so schlau wie andere.	O	O	O	O	O
Ich fühle mich unzufrieden mit mir selbst.	O	O	O	O	O
Ich fühle mich wohl mit mir selbst.	O	O	O	O	O
Im Moment bin ich zufrieden mit meinem Aussehen.	O	O	O	O	O
Ich bin besorgt darüber, was andere Leute über mich denken.	O	O	O	O	O
Ich bin überzeugt davon, dass ich Dinge verstehe.	O	O	O	O	O
Momentan fühle ich mich anderen unterlegen.	O	O	O	O	O
Ich fühle mich unattraktiv.	O	O	O	O	O
Ich bin besorgt über den Eindruck, den ich mache.	O	O	O	O	O
Ich glaube, dass ich momentan weniger schulische Fähigkeiten habe als andere.	O	O	O	O	O
Ich habe das Gefühl, dass es mir nicht gut geht.	O	O	O	O	O
Ich bin besorgt darüber, dass ich mich dumm verhalten könnte.	O	O	O	O	O

8. Wir möchten nun herausfinden, wie oft Sie sich mit anderen Menschen auf Instagram vergleichen. Um dies zu erfahren, möchten wir Sie bitten uns anhand der folgenden Skala mitzuteilen, wie sehr Sie einer Aussage zustimmen.

Die meisten Menschen vergleichen sich ab und an mit anderen. Zum Beispiel vergleichen sie, wie sie sich fühlen, ihre Meinungen, Fähigkeiten und/oder ihre Situation mit der anderer Menschen. Es gibt nichts, das an dieser Art von Vergleichen besonders „gut" oder „schlecht" wäre und einige Menschen tun dies öfter als andere.

	Ich stimme gar nicht zu	Ich stimme eher nicht zu	Teils/Teils	Ich stimme eher zu	Ich stimme voll und ganz zu
Ich vergleiche häufig das Wohlergehen meiner Angehörigen (Partner, Familienangehörige, etc.) mit dem von anderen auf Instagram.	○	○	○	○	○
Ich achte immer sehr stark darauf, wie ich Dinge im Vergleich zu anderen auf Instagram mache.	○	○	○	○	○
Wenn ich herausfinden möchte, wie gut ich etwas erledigt oder gemacht habe, dann vergleiche ich mein Ergebnis mit dem anderer Personen auf Instagram.	○	○	○	○	○
Ich vergleiche häufig meine sozialen Fähigkeiten und meine Beliebtheit mit denen anderer Personen auf Instagram.	○	○	○	○	○
Ich bin nicht der Typ Mensch, der sich oft mit anderen auf Instagram vergleicht.	○	○	○	○	○
Ich vergleiche mich häufig selbst mit anderen auf Instagram in Bezug auf das, was ich im Leben (bislang) erreicht habe.	○	○	○	○	○
Ich tausche mich gerne häufig mit anderen über Meinungen und Erfahrungen auf Instagram aus.	○	○	○	○	○
Ich versuche häufig auf Instagram herauszufinden, was andere denken, die mit ähnlichen Problemen konfrontiert sind wie ich.	○	○	○	○	○
Ich möchte immer gerne wissen, wie sich andere auf Instagram in einer ähnlichen Situation verhalten würden.	○	○	○	○	○
Wenn ich über etwas mehr erfahren möchte, versuche ich herauszufinden, was andere darüber auf Instagram denken oder wissen.	○	○	○	○	○
Ich bewerte meine Lebenssituation niemals im Vergleich zu der anderer Personen auf Instagram.	○	○	○	○	○

9. Bitte geben Sie anhand der folgenden Skala an, wie wichtig Ihnen die in den Fragen behandelte Thematik in Bezug auf ihre Instagram-Nutzung ist.

	Überhaupt nicht wichtig	Ein bisschen wichtig	Schon irgendwie wichtig	Recht wichtig	Sehr wichtig
Wie wichtig ist es Ihnen ein körperlich attraktives Bild darzustellen?	○	○	○	○	○
Wie wichtig ist es Ihnen als eine intellektuelle Person wahrgenommen zu werden?	○	○	○	○	○
Wie wichtig ist es Ihnen, dass ihr Instagram-Profil ein Muster oder eine Art von Symmetrie zeigt, wenn man ihr gesamtes Fotoraster anschaut?	○	○	○	○	○
Wie wichtig ist es Ihnen Likes auf ihre Posts zu bekommen?	○	○	○	○	○
Wie wichtig ist es Ihnen als attraktiv, entweder körperlich oder als Person, wahrgenommen zu werden?	○	○	○	○	○

10. Falls Sie Interesse an den Ergebnissen dieser Studie haben, tragen Sie nachfolgend Ihre E-Mail-Adresse ein.

E-Mail-Adresse:

Vielen Dank für Ihre Teilnahme!

Nick Feldmann

Anhang B: Ergebnistabellen

Hypothesenprüfung

Hypothese 2 & 3

Hypothese 2:

Zwischen jeder der Subdimensionen des expliziten Selbstwertes und sozialen Vergleichsprozessen auf Instagram besteht ein negativ signifikanter Zusammenhang.

Hypothese 3:

Appearance self-esteem und Social self-esteem haben zur Tendenz zu sozialen Vergleichen auf Instagram einen negativeren und signifikanten Zusammenhang als Performance self-esteem.

Korrelationen

		SV_GES_Durchschnitt	Performance_Durchschnitt	Appearance_Durchschnitt	Social_Durchschnitt
SV_GES_Durchschnitt	Pearson-Korrelation	1	-,189*	-,088	-,326**
	Sig. (2-seitig)		,032	,314	,000
	N	133	129	133	133

Tabelle B.1: Pearson-Korrelation zwischen den Subdimensionen des expliziten Selbstwertes und der Tendenz zu sozialen Vergleichen auf Instagram

Hypothese 4

Hypothese 4:

Zwischen dem expliziten Selbstwert und der Nutzungsintensität von Instagram be-steht ein negativ signifikanter Zusammenhang.

Korrelationen

		NIO1_01	NIO2_01	SW_GES_Durc hschnitt
NIO1_01	Pearson-Korrelation	1	,090	-,015
	Sig. (2-seitig)		,326	,869
	N	133	122	129
NIO2_01	Pearson-Korrelation	,090	1	,018
	Sig. (2-seitig)	,326		,842
	N	122	123	119
SW_GES_Durchsc hnitt	Pearson-Korrelation	-,015	,018	1
	Sig. (2-seitig)	,869	,842	
	N	129	119	130

Tabelle B.2: Pearson-Korrelation zwischen dem expliziten Selbstwert und der Nutzungs-intensität von Instagram

Weitere Erkenntnisse

Korrelationen

		NIO1_01	NIO2_01	SV_GES_Durc hschnitt
NIO1_01	Pearson-Korrelation	1	,090	,064
	Sig. (2-seitig)		,326	,466
	N	132	122	132
NIO2_01	Pearson-Korrelation	,090	1	-,068
	Sig. (2-seitig)	,326		,457
	N	122	123	123
SV_GES_Durchsch nitt	Pearson-Korrelation	,064	-,068	1
	Sig. (2-seitig)	,466	,457	
	N	132	123	133

Tabelle B.3: Pearson-Korrelation zwischen der Tendenz sich auf Instagram zu verglei-chen und der Nutzungsintensität

Deskriptive Statistiken

	N	Minimum	Maximum	Mittelwert	Standardabweichung
SW_GES_Durchschnitt	129	2,05	4,80	3,8388	,52783
SV_GES_Durchschnitt	133	1,00	3,91	1,9740	,66660
Gültige Anzahl (listenweise)	129				

Tabelle B.4: Mittelwerte zum expliziten Selbstwert und der Tendenz sich auf Instagram zu vergleichen

T-Test

Gruppenstatistik

	Geschlecht	H	Mittelwert	Standardabweichung	Standardfehler Mittelwert
NE01_02	weiblich	82	3,78	,982	,108
	männlich	51	3,29	1,254	,176

Test bei unabhängigen Stichproben

		Levene-Test der Varianzgleichheit		T-Test für die Mittelwertgleichheit					95% Konfidenzintervall der Differenz	
		F	Sig.	t	df	Sig. (2-seitig)	Mittelwertdifferenz	Standardfehlerdifferenz	Unterer	Oberer
NE01_02	Varianzgleichheit angenommen	6,010	,016	2,494	131	,014	,486	,195	,101	,872
	Varianzgleichheit nicht angenommen			2,357	87,541	,021	,486	,206	,076	,896

Tabelle B.5: T-Test für unabhängige Stichproben: Geschlechtsspezifische und signifikante Mittelwertsdifferenz bei NE_01_02

Korrelationen

		NE01_01	NE01_02	NE01_04	SV_GES_Durc hschnitt	SW_GES_Durc hschnitt	Social_Durch schnitt
NE01_01	Pearson-Korrelation	1	,351**	,423**	,185*	-,106	-,251**
	Sig. (2-seitig)		,000	,000	,033	,231	,004
	N	133	133	133	133	129	133
NE01_02	Pearson-Korrelation	,351**	1	,104	,126	-,216*	-,291**
	Sig. (2-seitig)	,000		,234	,150	,014	,001
	N	133	133	133	133	129	133
NE01_04	Pearson-Korrelation	,423**	,104	1	,332**	-,010	-,125
	Sig. (2-seitig)	,000	,234		,000	,912	,153
	N	133	133	133	133	129	133
SV_GES_Durchsch nitt	Pearson-Korrelation	,185*	,126	,332**	1	-,243**	-,326**
	Sig. (2-seitig)	,033	,150	,000		,005	,000
	N	133	133	133	133	129	133
SW_GES_Durchsc hnitt	Pearson-Korrelation	-,106	-,216*	-,010	-,243**	1	,846**
	Sig. (2-seitig)	,231	,014	,912	,005		,000
	N	129	129	129	129	129	129
Social_Durchschni tt	Pearson-Korrelation	-,251**	-,291**	-,125	-,326**	,846**	1
	Sig. (2-seitig)	,004	,001	,153	,000	,000	
	N	133	133	133	133	129	133

**. Korrelation ist bei Niveau 0,01 signifikant (zweiseitig).
*. Korrelation ist bei Niveau 0,05 signifikant (zweiseitig).

Tabelle B.6: weitere signifikante Korrelationen (siehe Kapitel 4.2 Weitere Erkenntnisse)